大都會文化
METROPOLITAN CULTURE

大都會文化
METROPOLITAN CULTURE

旅行，
從廟口開始

14條開運祈福路線‧150個吃喝玩樂旅遊指南！
食尚玩家隨身必備，最實用、聰明的旅遊寶典！

作者序

西方人曾經說過，「有漢人的地方，就有廟宇。」這一句話在台灣更為貼切。

台灣是個殖民島國，孤零零的聳立在廣闊的太平洋上，幾百年來認命、默默忍受來自各國不同膚色及種族的統治者強奪撂地，也孕育出屬於台灣人民最艱毅的性格。

明朝末年開始許多先民冒著生死危難，頂著惡劣的海象，躲在隨時可能會滅頂的舢板舟上，在故鄉神祇香火袋的陪伴下，從波濤洶湧的黑水溝中渡台來墾殖，許多先民在狂風巨浪中來不及登岸就魂斷海上，僥倖平安抵達者，身上緊抱從故鄉帶來的香火袋及神祇的分靈，就地搭蓋起草庵虔誠膜拜。前途未卜的開墾歲月中，媽祖成為大家心靈上最重要的寄託及依靠，也開啟了台灣的廟宇文化。

因為信仰，所以有了廟宇的存在，有了廟宇就有人潮聚集，人潮一來，錢潮也跟著來了。信仰結合了政治、教育、文化及藝術，成為地方居民處理公共事務的空間，也發展出地方角頭廟與人民互相依存的關係——廟宇的周遭就是市集的最佳場所，市集與美食文化也因此自然而然地發生了關係。

為了這個任務，我造訪了全台灣十一個縣市十四座廟宇，最北到宜蘭，最南則到了屏東。發現除了節慶外，廟宇過去最主要的「公親」的角色，反而因為人際關係的疏離而似乎愈來愈淡薄了，不過，百年來依存著廟宇發展出的獨特廟口美食文化，反而更為蓬勃。

究竟是絡繹不絕的香客成就了美食小吃，還是喜愛美食的饕客開創了廟宇裡的鼎盛香火？其實已經難以探究了。隨著時間的推移，透過邊拜、邊吃、邊買的多元旅遊方式，或許可以讓更多年輕的朋友們在來到廟宇時，願意多花一點點時間了解台灣廟宇文化與歷史傳承，讓廟宇也可以「好好玩」。

目錄

基隆 奠濟宮

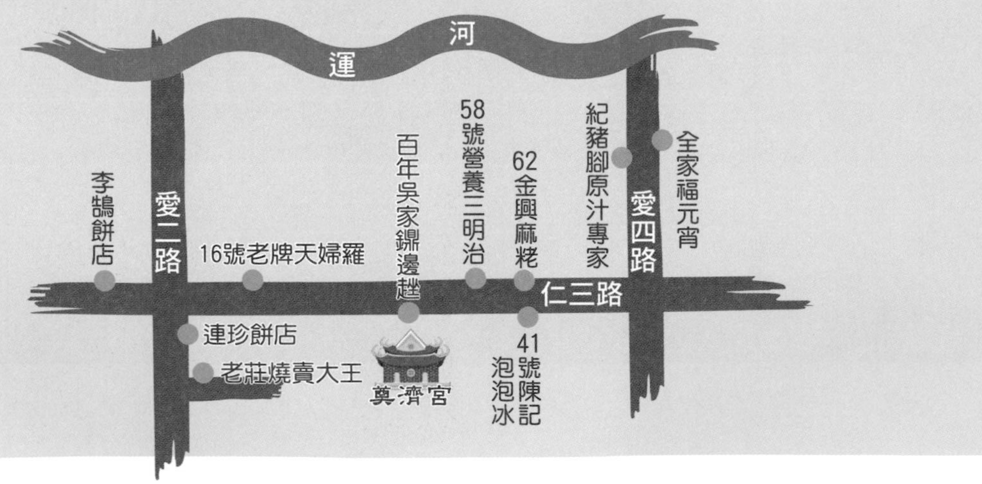

運河
愛二路
愛四路
仁三路
李鵠餅店
16號老牌天婦羅
百年吳家鼎邊趖
58號營養三明治
62金興麻粩
紀豬腳原汁專家
全家福元宵
連珍餅店
老莊燒賣大王
奠濟宮
41號陳記泡泡冰

基本資料大公開

地　　址	基隆市仁愛區仁三路27-2號
電　　話	（02）2425-2605
開放時間	AM7:00～PM10:00
主　　祀	開漳聖王—陳元光
副　　祀	輔勝將軍、輔義將軍、關聖帝君、水仙尊王、福德正神、玉皇大帝
祈　　求	不拘，心誠則靈
怎 麼 拜	取香六柱，六座香爐各一柱，依序為：天公爐→開漳聖王→太歲爺→水仙尊王→天都元帥→玉皇大帝。
禁忌	1、做月子未滿四個月。 2、家有喪事未滿百日。

特殊文化慶典

1、農曆二月十五，開漳聖王聖誕。
2、農曆七月廿一，慶讚中元普渡。

★逢農曆二月十五日開漳聖王聖誕及農曆八月廿三日天都元帥聖誕，廟方舉行繞境遊行儀式，同時在廟埕有戲台表演。

奠濟宮

評鑑	
文化古蹟評價	★★
交通路線評價	★★★★
美味小吃評價	★★★★★
伴手好禮評價	★★★★
週邊景點評價	★★★★

創建歷史與傳奇故事

看到「基隆」就會聯想到「廟口」！基隆廟口小吃名揚全台，但很多人卻不知道「廟口」指的就是「奠濟宮」。

建於清同治十二年（公元1873年）的奠濟宮就是大家口中的「聖王公廟」。根據現有的史料記載，由於基隆市是福建漳州主要的移民地區，當時地方士紳為紀念來台開墾的先祖，便提議奉祀對漳洲有卓越貢獻的地方守護神「開漳聖王」，由同為漳州人的板橋林家望族林本源家捐地蓋廟，於是此處漸漸成為地方的宗教信仰中心。百年來，緊鄰奠濟宮發展出來的小吃攤販區，吸引了無數食客，打響了「基隆廟口小吃」的名號，也成為基隆最重要的觀光資源。

已有百年歷史的奠濟宮位於基隆市最精華的商業區地段，原本已列入古蹟保存，後來因為當時的市政府有意對廟口攤位的動線重新規劃並改建為商業大樓，因此解除了古蹟指定，卻遲遲沒有進行改建。雖不列入古蹟，但廟內還是有很多百年古物，例如主神旁兩根清同治年間的石柱，還有廟門口的百年石碑，皆值得一看。

走入攤販區，象徵廟口意象的兩側燈籠高高掛，而獨立在廟前的地標性山門，以及每到夜晚時就人潮綿延的景象，仍然彰顯了奠濟宮在基隆人心目中的地位。

重點美食與道地小吃

有這麼一說，「基隆無城，食飽就行」。真的，寺廟常是人群聚集之處，來到陌生之地，只要親近廟宇就不會太孤單，這個現象，在基隆尤其受用。

進入了基隆廟口的範圍內，永遠人潮如織，如果你以為穿梭的都是遊客，其實也不算客觀，基隆廟口小吃的獨特

性，是其他夜市所模仿不來的，隨便問一個本地人，都可以如數家珍地介紹幾攤他最鍾愛的小吃。每個人心裡都有一套屬於自己的最佳小吃版本，不要問配方也不必道歷史，味覺是最好的解釋，這也就是基隆廟口之所有具有觀光價值之處。最重要的，這裡的小吃攤位幾乎是全年無休，而且二十四小時都有東西吃，肚子餓嗎？來基隆廟口走一趟就對了。

老饕必吃

天婦羅

地　　址　基隆市仁三路16號攤位
電　　話　（02）2462-4900
營業時間　AM11:00～PM12:00，全年無休
價　　格　一份30元；外帶大盒120元、小盒60元

天婦羅幾乎與基隆廟口劃上了等號，許多觀光客都是衝著這一攤而來的，稱天婦羅為廟口入門之一站，絕不為過。

來自港口每日新鮮的鯊魚條，是天婦羅好吃的先決條件。這裡的天婦羅絕對是每日現做現炸，幾個年輕小伙子忙得分不開身——以魚漿混上麵粉、太白粉、糖、鹽等調味佐料，將魚漿調勻後，再以手掌捏成扁圓形狀。而炸鍋的溫度則是靠著有訓練有素的現場師傅來進行火候控制，剛炸好、金黃色外觀的天婦羅，加上甜辣醬還有爽口的小黃瓜，就是美味。

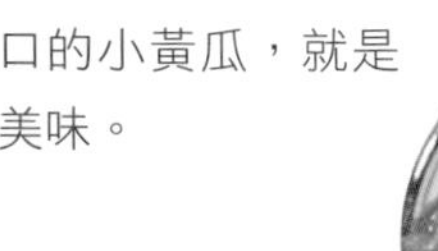

百年吳家鼎邊趖

地　　址　基隆市仁三路27-2號（廟埕中間）
電　　話　（02）2423-7027
營業時間　AM10:00～AM2:00
價　　格　鼎邊趖55元、純鼎邊趖60元、鼎邊趖原料包裝200元

人稱肉羹順的吳添福，原是做肉羹起家的，將福州小吃鼎邊趖與各式羹類及配料混在一起煮，就產生了現在的美味。小小一碗有肉羹、蝦仁羹、金針、香菇、魷魚、竹筍、金勾蝦、高麗菜等材料，再用蒜頭酥及芹菜提味，而湯頭更是十多種配料熬成，清甜鮮美但一點也不油膩。第三代傳人吳小姐說，「趖」是液態物爬滾的動作，其實是源自於福州小吃，把在來米磨成米漿，先在大鍋邊薄薄抹上油，鼎內必須放些水，然後將米漿倒在鍋邊一面烤一面蒸，這樣的手法可是無法被機器取代的。

紀豬腳原汁專家

地　　址　基隆市愛四路29號前
電　　話　（02）2425-0853
營業時間　PM4:00～PM12:00
價　　格　豬腳湯1兩15元（兩人份約200至250元）、雞肼腳筋湯200元

冒著白煙、一大鍋牛奶濃湯色澤的滷鍋，這就是豬腳精華的湯底。紀家豬腳以「白滷」著名，從一兩2.5元賣到現在一兩15元。顏色平淡的豬腳，夾起一口吃來確實不油膩，湯汁的精華也完全入味，膠原蛋白豐富的豬皮Q嫩帶勁，五十年老店的名氣果真名不虛傳。

紀家的豬腳都是挑選當日現宰的溫體豬，經過仔細除毛及汆燙後再進行炭烤逼出油汁，才能加入豬大骨進行白滷至肉嫩皮軟，釋出膠質。也推薦雞肼腳筋湯，用枸杞和紅棗長時間燉煮的豬腳筋富有嚼勁，而碩大的雞肼滑嫩滑嫩，非常滋補呢！

陳記泡泡冰

地　　址　基隆市仁三路41號攤位
電　　話　（02）2428-6270
營業時間　AM10:00～AM1:00，全年無休
價　　格　招牌泡泡冰（花生花豆）、情人果泡泡冰等，一律40元

廟口緊臨的兩家泡泡冰都稱自己是「創始」，實在令外人無法分辨。找來一位當地人帶路，他要我們記得陳記這位阿嬤的臉才算正宗，口味究竟有什麼不同，仔細嘗了一口才知道是花生醬的濃郁感在作祟。

最「基隆味」泡泡冰必須先用刨冰機最細的刀來剉，再加入配料，以鐵湯匙不斷的攪拌，才能讓配料的美味與刨冰完全融合。老闆透露，泡泡冰要做得好，要靠那個傳統「老碗公」的功力，由於碗內的紋路剛好讓拌冰時產生磨擦力，才能夠充分將醬料與綿冰融合在一起。

營養三明治

地　　址 基隆市仁三路58號攤位
電　　話 （02）2423-0079
營業時間 AM11:00～AM1:00
價　　格 營養三明治50元

生意好到要拿號碼牌，聞名全國的營養三明治就是在這裡啦！「借過」及「要幾個」，是在攤上最常聽到的對話，可見它的滋味無法擋。

炸過的長條形麵包酥酥脆脆，還帶點淡淡的香甜，剪開後塗上又香又濃的美乃滋，夾入番茄、滷蛋、小黃瓜和火腿，滋味無法擋。記得現點現吃，放超過半小時以上就會影響口感噜。

老莊燒賣大王

地　　址 基隆市愛三路49巷38號（愛二路22號巷口進入）
電　　話 （02）2424-7126
營業時間 AM5:00～PM9:00
價　　格 燒賣10元、排骨酥湯40元、魚丸湯25元、陽春麵30元

「行仔內」美食隱身在不知名的巷弄中，六十年的歷史，各式飯麵、湯類、切料、肉粽應有盡有，對許多基隆在地人來說總是吃不膩。

用鯊魚漿加少許太白粉及些許絞肉，每天現包現蒸現賣，比起別家的，皮就是特別薄，這就是老闆勝出的秘技。飽滿厚實的一大顆燒賣，美味內餡滑嫩爽口，還帶荸薺的脆感，趁熱淋上特製的辣醬，搭配陽春麵，一股單純的滿足感油然而生。另外，搭配甘甜美味、招牌的排骨酥湯，保證你二三下間就碗底朝天。

全家福元宵

地　　址　基隆市愛四路50號之1
電　　話　（02）2425-0784，逢週一公休／盒裝元宵可冷凍全省宅配
營業時間　AM9:00～PM12:00（店面）、AM4:00～12:00（攤位）
價　　格　芝麻湯圓60元、湯圓加蛋65元、酒釀湯圓70元、酒釀加蛋60元 （再加湯圓80元）

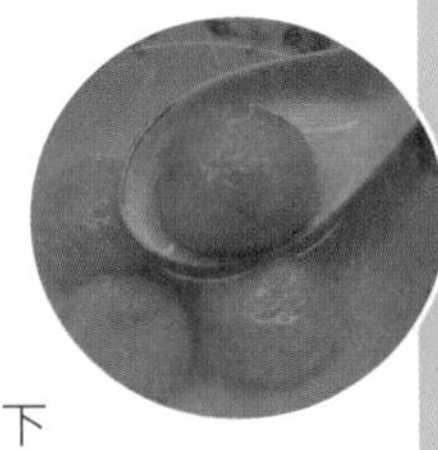

黑芝麻炒熟後磨成粉拌入一隻豬只有二片的脊背板油，再反覆篩上自行磨漿、絞碎的一層薄薄糯米粉，下水煮熟後，淋上些許桂花釀再咬下一口，黑色的芝麻餡緩緩流出，融入味蕾……掌櫃的第二代傳人依然堅持「手作」元宵，而且負責提味的豬板油絕對不能省略。外帶盒裝的元宵一早在巷內的小店就開始賣，但如果要吃一碗熱騰騰的元宵就要等傍晚攤子出來後才嘗得到。另外，畫龍點睛的獨家桂花蜜，更是吃全家福元宵絕對不能少的。

李鵠餅店

地　　址　基隆市仁愛區仁三路90號
電　　話　（02）2422-3007
營業時間　AM9:00～PM10:00，可用現金袋或匯票訂購
價　　格　鳳梨酥120元、蛋黃酥270元、綠豆沙餅220元、咖哩餅270元以上皆為10入。

創立於西元1882年的李鵠餅店，是基隆最具知名度的餅店，即使沒有最流行的網購服務，每到中秋節前夕還是一餅難求。完全手工製作的綠豆椪還保有濃濃古早味，進口酥油搭配阿羅利奶油的綠豆沙餡，口感十分紮實，入口後超乎想像的綿密，是首選的配茶點心。至於皮酥、餡軟的鳳梨酥則是女性的最愛，一口咬下，讓人不愛也難。而蛋黃酥、太陽餅、檸檬糕等也各有擁護者；不愛甜食者，帶著濃濃咖哩香氣，似甜又鹹的咖哩酥絕對會顛覆你的糕點的想像。

金興麻粩

地　　址　基隆市仁三路62號攤位
電　　話　（02）2429-3592
營業時間　AM10:00～AM1:00，全年無休
價　　格　蔴粩、米粩、花生粩每斤200元

愛吃花生粩的人都知道花生粩咬下去第一口的口感最為重要，除了外裹的花生粉粗細必須恰如其份外，咬下去還得必須帶著彈牙卻不黏牙的麥芽香味才IN，如果一咬下去是整個脆的，就得OUT。就是這樣簡單而且單純好吃的口感，常常讓人不小心就把整包吃掉，回家後才後悔沒有多買一些。老闆家在日治時代就已經開始從事糕餅業，到現在已經傳到第四、五代了，但卻還是堅持在現場製作，因為現做最新鮮。

連珍餅店

地　　址　基隆市愛二路42號
電　　話　（02）2422-3676
營業時間　AM8:00～PM9:00
價　　格　八角糕25元、養生米香85元、咖哩肉餅27元、八角糕綜合禮盒150元

基隆的老字號餅店，是許多婆婆媽媽們共同的回憶，訂婚時如果能指定選用連珍的古早味大餅及咖哩餅來分送親友，新嫁娘彷彿就能為娘家掙到不少面子。

目前在網購市場受到推崇的是造型雅緻玲瓏、口味多樣化的八角糕。運用捏、揉、搓、打、轉、抓等手法，讓糕粉與配料緊密融合而口感綿密。而由頂級米香搭配養生海苔與枸杞的「養生米香」，還榮獲基隆市政府推薦為「基隆十大伴手禮」，清脆的口感，是小朋友們的最愛。

周邊景點

路程距離 開車約40分鐘左右。

交通方式

搭車：

1、客運：（1）、由捷運忠孝復興站搭乘基隆客運往金瓜石方向之班車（國道）即可到達九份及金瓜石站。

（2）、由基隆火車站前搭乘基隆客運往金瓜石方向之班車（公路）即可抵達。

2、公車：由瑞芳火車站前搭乘825號至舊道站即可到達九份。

3、火車：搭北迴線，於瑞芳下車，再轉搭往金瓜石的基隆客運。

自行開車：

1、國道一號：由八堵交流道下，接102縣道至瑞芳鎮續行即可到達九份及金瓜石。

2、從基隆直行102縣道經深澳坑路到瑞芳再上金瓜石。

3、由基隆市區循中正路，接北濱公路（2號省道）到水湳洞，過安和橋後右轉北34鄉道（金水公路）上山，及可抵金瓜石。

九份、金瓜石

黃金懷舊之旅

與基隆約有半個鐘頭車程的九份山城，是昔日台灣的金脈所在，從清朝光緒時期開始，淘金與採金的人潮便逐漸湧入此地，開啟了一段輝煌的淘金歷史，在金礦產業沒落之後，繁華過後的小鎮人口外移嚴重，留下荒涼的採金遺址及人潮散去後的無盡孤寂。每當秋天菅芒花盛開，滿山遍野的白色菅芒花，更為這個被遺忘的山城描繪了一幅蕭瑟的蒼涼景象，直到文史工作者開始進駐，才為九份開了一道生機。日治房舍的斷瓦殘垣以及彷彿走不盡的陡長山路，忠實地呈現出歷史的軌跡及時代的變遷，反而成為最佳的賣點，崎嶇而狹長的街道，更讓它拾回昔日的繁華。

沿著階梯向上走，兩旁的觀景茶館是九份的特殊景緻，也是導演侯孝賢的「悲情城市」及宮崎駿「神隱少女」動畫的電影取景場景，如織的遊客搶著在此拍照留念，輕便路上則有許多九份民宿，更可見到九份金礦城懷舊壁畫。

繼續往金瓜石則留有廢礦場，黃金博物館內也可體驗淘金趣，沿著台汽車站向上走，台金員工的日式舊宿舍別有時代風情。如果時間上允許，不妨再前行至地質公園、黃金神社、無耳茶壺山、戰俘營、黃金瀑布、金字碑古道等，品味一下幽靜的山城。

從山上向下望，浩瀚的太平洋偶有商船經過，而濱海公路旁的陰陽海，你可不要錯過。

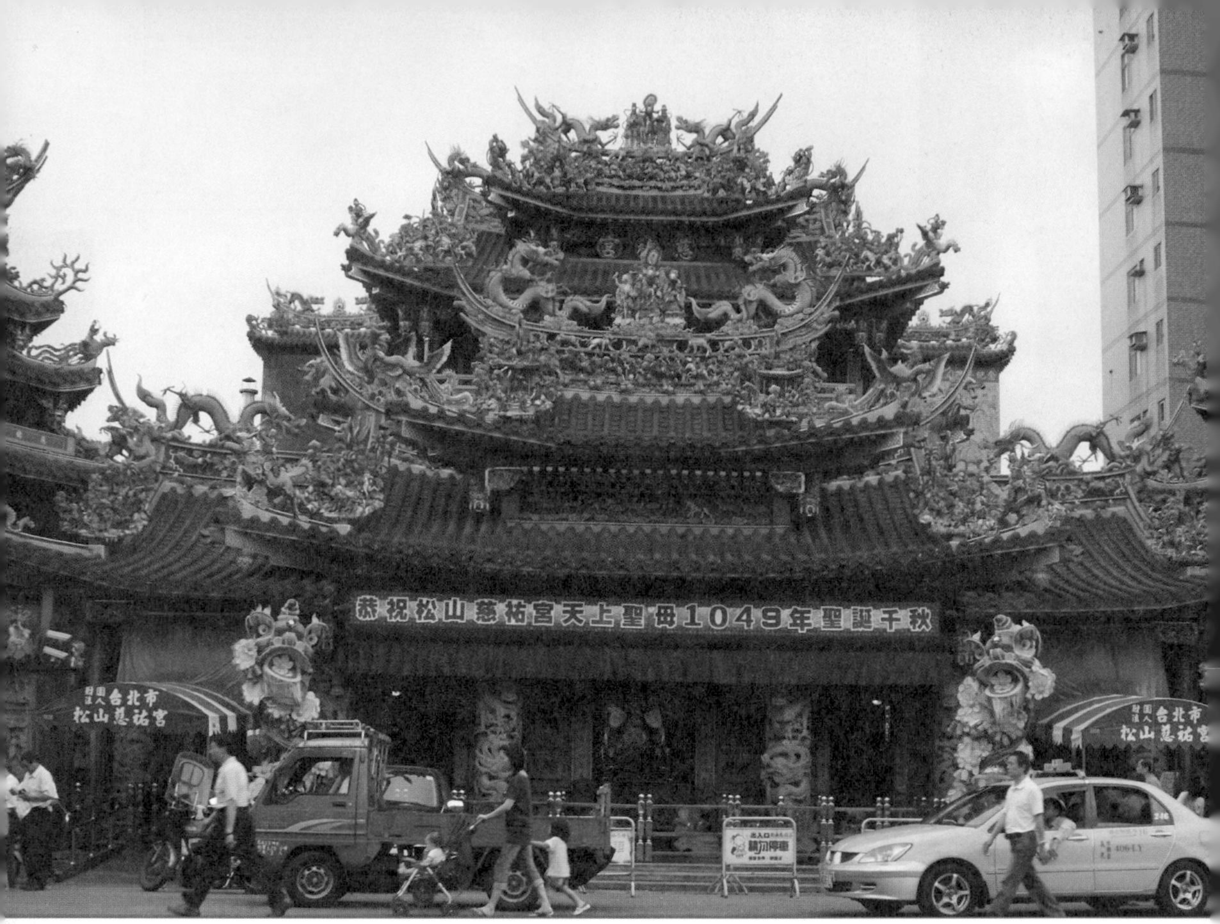

松山 慈祐宮

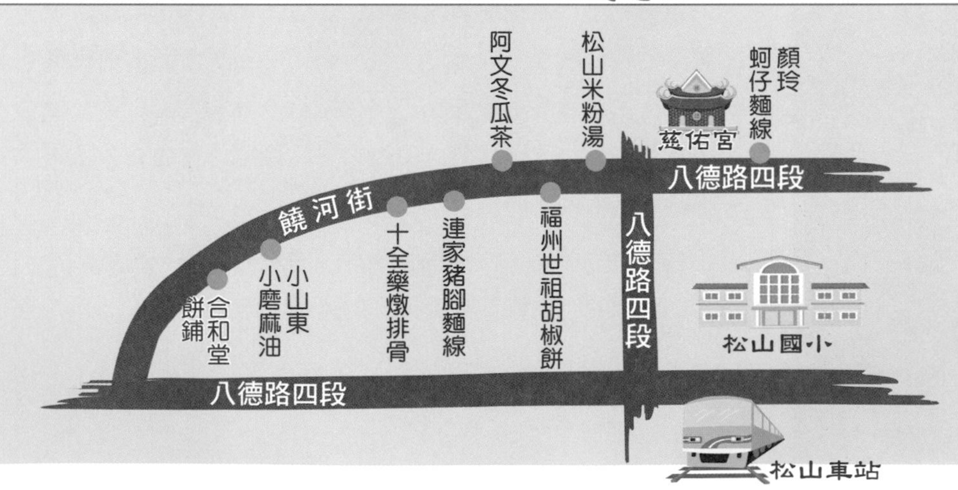

阿文冬瓜茶
松山米粉湯
顏玲蚵仔麵線
慈佑宮
八德路四段
饒河街
十全藥燉排骨
連家豬腳麵線
福州世祖胡椒餅
八德路四段
小山東小磨麻油
合和堂餅鋪
松山國小
八德路四段
松山車站

基本資料大公開

地　　址　台北市八德路四段761號

電　　話　(02)2766-921202、27663012

開放時間　AM:6:30～PM22:00

主　　祀　天上聖母媽祖

副　　祀　福德正神、註生娘娘、地藏王菩薩，阿難陀尊者，目連尊者、斗姥元君、太歲星君、觀世音佛祖、中壇元帥、協天大帝(關公)、清水祖師、文昌帝君等。

祈　　求

1、媽祖：舉凡事業、家庭、健康、婚姻皆可求。若是心中存有疑問前來解惑，可以擲筊或抽籤。

2、註生娘娘：註生娘娘是專掌生兒育女之事的女神，其配祀有十二婆祖，各抱一嬰兒，六好六壞，表示生男育女、賢與不肖，皆憑積善行德而論；保佑的是接生、求子、懷孕、求姻緣。

怎麼拜

共有十個香爐，每個香爐一柱香。神明眾多，可從一樓順序上樓，把握以正龕為主，從右邊到左邊順序朝拜。

禁　　忌

1、沒有特別的禁忌，心誠則靈。

2、向註生娘娘求子時，可抽紅花與白花分別代表女孩與男孩，抽中花色之後，不可換花色。

特殊文化慶典

農曆三月廿三日：天上聖母誕辰，媽祖祭典出巡遶境暨值年過爐，由十三街庄共同舉辦，有花車繞境遊行。

文化導覽　團體導覽可洽台北市文獻會，或電02-27663012#111林小姐，須提前一星期通知。

★為了落實不迷信及推動減碳環保政策，推行一爐一柱香，使用環保無煙金紙，於寺內提供信徒購買。

慈祐宮

評鑑

評鑑	
文化古蹟評價	★★
交通路線評價	★★★★
美味小吃評價	★★★
伴手好禮評價	★★
週邊景點評價	★★★

創建歷史與傳奇故事

熙來攘往的八德路，是松山區重要的經濟活動中心，慈佑宮靜靜地毗鄰著饒河街夜市，金碧輝煌的建築形式在一整排林立的高樓大廈中特別醒目。這裡是松山發展的起源地，也是錫口十三街庄居民的信仰中心。

慈祐宮在西元1753年建立，松山原本叫做「錫口」，慈祐宮正門上的匾額寫的就是「錫口慈祐宮」。相傳在清朝乾隆年間有一個和尚衡真，帶著湄洲媽祖分靈金身到處遊走化緣，有一天來到錫口，由於當地有很多人都來自福建泉州，對媽祖特別崇敬，因此提議捐錢蓋廟，終於在西元1753年開始興建，1757年完成。無數的見證與神蹟，讓錫口媽祖廟香火興盛，至今不絕。

雖然媽祖是多數居民的信仰，但慈佑宮卻曾上演「鎮大媽」失蹤記的傳聞，有兩百多年歷史的鎮大媽，民國六十二年時放置在正殿供人膜拜，卻無故失蹤，廟方及居民找尋許久遍尋不著，最後還是媽祖顯靈，托夢給廟方的董監事，清楚的告知她身處何方，幾過幾番折騰，才在台北行天宮的某處發現「鎮大媽」。

原來下手行竊的宵小為了祈求媽祖庇佑，私下請走鎮大媽，放置在自宅後，卻終日不得安寧，最後只好偷偷的將神像放在行天宮角落。當年沒有門禁的慈佑宮在歷經鎮大媽被偷事件後，也開始設了門禁。

二百六十年來，慈祐宮經歷了七次的翻修及擴建，卻仍保存不少歷史文物牌匾，而石雕古香爐，雖經歲月無情的洗禮，仍不失珍貴之貌。夜晚，立足於後殿五樓兩側，可欣賞星空月光下的松山市區、河光潾潾的基隆河、S型彩虹橋及高速公路上川流不息的車輛，將松山及南港的夜景盡納眼底。

重點美食與道地小吃

從松山慈祐宮延伸出來的松山饒河街夜市，範圍從八德路四段與撫遠街交叉口起，一直到慈佑宮，是台北市少數幾個大型的觀光夜市，全長約六百公尺，筆直的一條街，就有將近140個攤位，整體規劃還算完整，胡椒餅、藥燉排骨是饒河夜市的招牌小吃，但可別以為饒河夜市就只有這樣，有些小吃隱藏在巷弄之間，還真是要花些時間去翻箱倒櫃一番。

松山米粉湯

地　　址　台北市饒河街255號，慈祐宮旁
電　　話　不提供（不接受外送）
營業時間　AM11:00～PM11:00
價　　格　魯肉飯20元、米粉湯25元、油豆腐25元、嘴邊肉 50元

這樣的粗米粉湯是北部獨有的特色，一碗25元的米粉湯湯頭可是老闆用大骨、雞骨，從每天的一大早八點多就開始用慢火熬煮出來的，完全不加味精。而米粉還特別有彈牙的嚼勁，搭配一小撮香菜，實在對味。

至於人手一碗的魯肉飯，魯肉則是特別挑選的豬脖子肉，經過手工切碎後加上胡椒、冰糖、米酒、醬油等，小火燉三個小時以上，入口即化又沒有中藥味的單純感，實在夠古早味。

連家豬腳麵線

地　　址　台北市饒河街217號前
電　　話　0932230016，電話預訂，30碗以上可外送
營業時間　PM400～PM12:00
價　　格　豬腳麵線80元、涼麵40元、蒜泥白肉70元

老饕級的食客特別知道要挑晚上七、八點的時間來，這時候的湯頭因為大量熬煮的關係，膠質特多，是愛美女子最重要的膠原蛋白來源。

老闆說，豬腳好吃的秘訣在於生豬腳買回來時要先煮個兩分熟後再放進冰箱冰二天去腥，才能用大火熬煮兩個小時，直到皮Q為止。用心處理的吃起來不會有油膩感，再加上當歸、川芎等幾種中藥材，讓湯頭格外的濃郁，而且還可以不限量免費喝到飽。當然，再搭配一盤用純麻醬下去拌的涼麵，簡單的美味，完全提高了整個味覺的享受。

十全藥燉排骨

地　　址 台北市饒河街191號前
電　　話 0931113665，20碗以上可外送
營業時間 PM5:00～PM12:00
價　　格 藥燉排骨60元、藥燉羊肉 70元，滋補的湯頭可以免費加一次

空氣中飄滿著中藥材燉補的香味，在地人強力推薦的這家，一根根豬肋排疊起來，放在碗裡感覺相當豐盛。內行的吃法是：先喝口湯，透過湯頭，感覺藥燉的配方究竟齊不齊全，再來最重要的是——感受湯頭在喉韻間的回甘。

雖然號稱「十全」，但老闆表示，湯頭裡放的藥材可是超過20多種，所有食材都是當天現煮，經過一整天的熬煮才會入味。若要更滋補的話，精心挑選過的羊小排「藥燉羊肉」才是最正宗的老饕享受！來到這裡，請用手來享受，拿起一支排骨或羊肉排，沾上老闆特製的豆瓣醬，保證吮指回味喔。

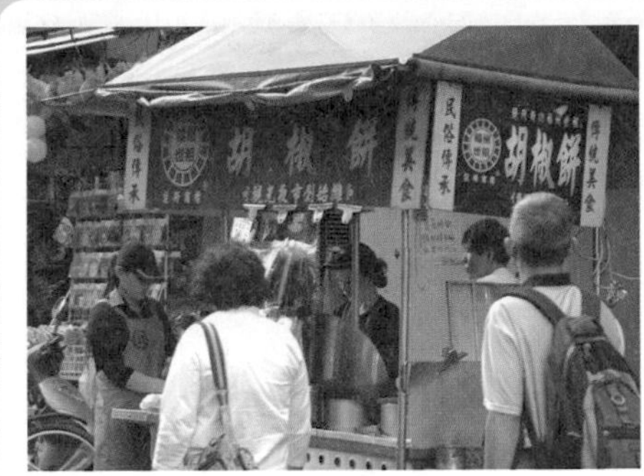

福州世祖胡椒餅

地　　址 台北市饒河街249號前
電　　話 （02）2746-9627
營業時間 PM5:00～PM12:00
價　　格 胡椒餅45元

賣胡椒餅已有二十多年歷史的老闆吳玉成找人特別訂製的二口古窯，烤出來的胡椒餅所散發出的微焦氣味，是一般速成的電窯無法比擬的。

它大排長龍的好吃秘訣在於餡料都選用當日新鮮的溫體豬肉，再加入家傳特調醬汁和價格貴得嚇人的頂級香料混合醃製。趁熱一口咬下，青蔥及肉香撲鼻而來，鮮甜的肉汁搭配炭火的餘香滿溢著你的嘴頰，實在好吃。而酥脆有嚼勁的餅皮除了有古窯的加持外，利用老麵糰發酵的傳統方法，才是正宗。

顏玲老店傳承蚵仔麵線

地　　址　台北市八德路四段803號（松山國小斜對面）
電　　話　（02）2528-5918
營業時間　AM10:00～PM9:00（視天候狀況及產品量而定，只休除夕）
價　　格　油飯25元、肉羹50元、麵線50元、魯肉飯25元

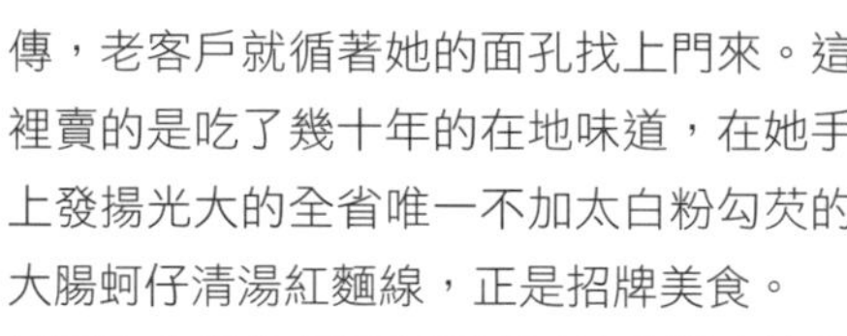

當年那個站在東發號熱鍋邊舀著麵線的小女孩已經自立門戶了，不需要多做宣傳，老客戶就循著她的面孔找上門來。這裡賣的是吃了幾十年的在地味道，在她手上發揚光大的全省唯一不加太白粉勾芡的大腸蚵仔清湯紅麵線，正是招牌美食。滷過的大場必須再經過鹽巴清洗過去掉腥味是絕對不能少的步驟，而蚵仔則是特選嘉義東石的等級，一碗滿到快溢出來的紅麵線料果真好實在。也不能錯過的還有吃起來非常彈牙的竹筍香菇肉羹以及長時間久滷到入口即化的魯肉飯，儘管吃到肚子快炸了，卻還是意猶未盡呢。

阿文冬瓜茶

地　　址　台北市饒河街231號（裕祥珠寶騎樓前）
電　　話　（02）2524-1849
營業時間　PM5:00～AM1:00
價　　格　冬瓜茶小杯15元，大杯20元、原汁140元

一賣就是18年的阿文冬瓜茶，每天下午都可以看見老闆娘蹲在飲料台下，把大顆的冬瓜削皮、留下果肉，再放進裝有特砂的大鍋中熬煮六到七個小時，直到大鍋內呈現出清透棕色時才是冬瓜茶最好喝的程度。光是這手作的誠意，要在台北市生存可就大不易。另外，冬瓜原汁可以買回家冷藏放45天，以1：5的比例調淡，夏天加冰水，冬天泡熱水也很好喝。很多老主顧可是從小喝到大的呢！

小山東小磨麻油

地　　址　台北市饒河街84號
電　　話　（02）2768-6012
營業時間　AM10:00～PM9:00，中午12點至下午2點午休
價　　格　胡麻油，一斤150元、小磨香油，一斤140元、苦茶油350元

隱身在饒河街中唯一堪稱百年老店的莫過於這家了，1859年成立至今有150年的歷史，店內雖小卻因為製麻油的技術相傳了五代而遠近馳名，走進方圓一百公尺就可聞到陣陣的芝麻香。

時代在進步，但老店的製油技術仍然遵循炒、磨、蒸、煮的古法，為的就是讓每一滴提煉出來的麻油都忠於原味。純人工的勞力製作，所以無法大量生產，但這種手工榨油的品質，卻讓老產品在新世代中依然佔有屹立不搖的地位，入冬後的銷售旺季，老顧客都知道最好先來電預訂，才不會空手而回。

合和堂餅舖

地　　址　台北市饒河街74號
電　　話　（02）2767-6506
營業時間　PM1:00～PM12:00，只休農曆春節初一～初三
價　　格　沙其馬120元、大龜100元（節慶前預訂）、鳳梨酥25元、壽桃25元、錫口餅120元（10個）

松山歷史最悠久的一家餅店，1920年成立至今已近90年，當年用扁擔沿街叫賣的小攤，已經歷了四代的傳承。既稱是老店，就有代表松山意象，俗稱膨餅的錫口餅——沖入牛奶或熱飲中能否化開，最能考驗烘焙師的手藝。

除了古早大餅外，老店也有新產品，外型討喜的鳳梨酥就最受日本人的歡迎。

也由於緊臨媽祖廟旁，因此最風光的時期曾花七天七夜，用了三十多名人力趕出一萬兩千斤的餅獻給媽祖當誕辰禮物，而現在廟會期間，還可以看到手工紅龜、壽桃及發糕，是相當具人情味的糕餅店。

周邊景點

路程距離 從慈佑宮步行至松山火車站，過天橋往前站方向走，約5至10分鐘左

交通方式

搭車：

1、火車：松山火車站下車後，往前站走即是。

2、公車：松山路口：212、277、279、46、299、240、261、257、博愛公車。

松山前站：281、32、621、286副、大有巴士、台中客運（台北—台中）。

虎林街口：286、286副、232、261

3、捷運：板南線後山埤站1號出口。

4、火車：松山火車站，前站。

自行開車：

走基隆路遇永吉路左轉，直行至松山路即可到達。

五分埔商圈

最後一班往樹林的太魯閣號列車駛離後，台北市的平交道97年9月21日正式走入歷史，走在台北市的街頭，從此再來聽不到「噹噹噹」的平交道聲音，而長久以來被鐵道分隔的饒河街觀光夜市、松山慈祐宮和五分埔商圈，終可連成一氣發展，鐵路地下化帶動的松山商圈，繁榮可期。

被喻為全台最大成衣批發市場的五分埔地區，從松山火車站出站後，過一個馬路即可抵達，這裡有超過上千家的服飾商店，是攤販們尋找新貨的最佳據點。每個星期一是固定批發日，你隨時可看到小販拖著大袋子及小拖車前來尋覓新貨，穿梭在各家商店中，殺價聲此起彼落。

這裡最新、最時尚的衣服、褲子、裙子、皮帶、鞋子、包包應有盡有，不但款式多，價錢也便宜，讓你看得眼花繚亂、目不轉睛。非要逛到腿都軟了才願意離開，來到松山地區旅遊，喜愛時尚的你一定不能錯過。

周邊景點

台北
101大樓&
信義商圈

・路程距離

從慈佑宮開車約10至15分鐘左右。

・交通方式

搭車：

公車選擇往市政府捷運站的方向均可到達。

自行開車：

走基隆路往南，遇忠孝東路左轉即可達。

來到台北東區的饒河街夜市，如果不順道也走一趟位於信義計畫區的台北101大樓和信義商圈，那就太可惜了。這座台北市的新地標，大樓總高度達508公尺，建築融合東方古典文化及台灣本土的特色，聽說當初設計團隊的想法是，要建造一個造型宛若勁竹節節高昇、柔韌有餘，象徵生生不息的中國傳統建築。

這別出心裁的造型果然吸引一車又一車的觀光客，在大樓下常常可以看到觀光客拿著相機猛拍，國內外都有，101大樓知名的程度可說是台灣人的驕傲！

如果光是這樣還不過癮，那麼往周邊的信義商圈走去吧，重劃後的道路開闊而筆直，無論百貨、影城或是名流藝文人士最愛逛的誠品書局，流行的文化饗宴絕對是應有盡有。

士林 慈誠宮

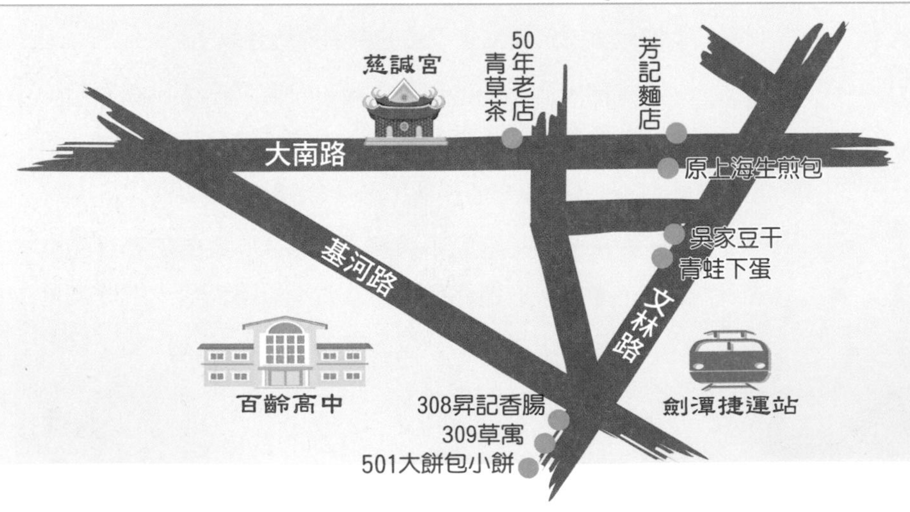

慈誠宮
50年老店青草茶
芳記麵店
大南路
原上海生煎包
吳家豆干
青蛙下蛋
基河路
文林路
百齡高中
劍潭捷運站
308昇記香腸
309草寓
501大餅包小餅

基本資料大公開

地　　址　台北市士林區大南路84號

電　　話　(02) 2880-2972～3

開放時間　AM:4:00～PM10:30

主　　祀　天上聖母媽祖

副　　祀　張天師、玄天上帝、廣澤尊王、關公、文昌、地藏王、佛祖、土地公、城隍爺

祈　　求　心誠則靈。舉凡結婚、生子、事業、學業，甚至買房子，只要心中有所求或有疑惑，都可以來這裡。

怎 麼 拜　共有八個殿、八個香爐，共點八柱香，依序參拜：媽祖→城隍爺→福德正神→地藏王菩薩→張天師、關聖帝君、文昌帝君→觀音佛祖→玄天上帝→廣澤尊王→太歲殿→值年太歲星君（正殿下的虎爺也要拜）。

禁　　忌　無特別禁忌

特殊文化慶典

農曆三月二十二日，媽祖誕辰：分陽明山及北投洲美地區兩組出巡遶境。

文化導覽　事先電洽慈誠宮進行安排

基隆 奠濟宮
松山 慈祐宮
士林 慈誠宮
萬華 龍山寺
大稻埕 霞海城隍廟
新竹 都城隍廟
大甲 鎮瀾宮
鹿港 天后宮
北港 朝天宮
新港 奉天宮
台南 大天后宮
旗津 天后宮
屏東 慈鳳宮
宜蘭 昭應宮

慈誠宮

評鑑	
文化古蹟評價	★★★
交通路線評價	★★★★★
美味小吃評價	★★★★★
伴手好禮評價	★
週邊景點評價	★★★

創建歷史與傳奇故事

順著大東路到大南路左轉，就看到這個百年古蹟慈誠宮，廟口小吃攤販林立，愈到黃昏日落愈是熱鬧，與廟內的寧靜形成強烈對比。

慈誠宮的前身就是士林媽祖廟，於清嘉慶元年（1796年）業主何錦堂獻地所建的廟，當時稱為天后宮。到了咸豐九年時（1859年），發生漳、泉械鬥，芝蘭街被焚毀，天后宮亦付之一炬。舊街慘遭焚毀後，縉紳潘永清力主遷地另建新街，得到大多數街民的贊同，於是選擇在下樹林處建設新街，也就是今天的士林新街。同時在街區中央規劃為廟址，就在著名的士林夜市旁邊，就這樣，慈誠宮和宮前的士林夜市共存了一百四十多年之久。

和一般寺廟不同的是，慈誠宮本身除了是三座三開的建築外，宮前還有三座戲台，在最興盛的時候，曾有過同時演出三部戲酬神的紀錄！戲台前仿福建泉州開元寺的東、西兩塔造型，加上力士台及須彌座，每座五層，每層又有八角八門，算下來，每座塔共有八十座精美的青石雕佛菩薩，這樣的建築結構在國內的寺廟當中，算是相當罕見。

當地盛傳著一個媽祖顯靈的故事，十幾年前的一個夜晚，慈誠宮後方的民族戲院發生大火，一場融祝之災燒毀了整個戲院，但僅有一牆之隔的慈誠宮卻是毫髮未傷，而民眾繪聲繪影地形容，火勢延燒到慈誠宮的後牆時，整個火苗瞬間改向，彷彿火到了慈誠宮就被一股無形的力量給化解了，更添慈誠宮神力，因此香火也愈來愈旺，顯露出慈誠宮在當地人心裡的崇高地位。

除了固定慶典的媽祖出巡之外，這裡也常有信眾向廟方申請媽祖出巡，所以在慈誠宮附近只要聽到敲鐘擂鼓（一鐘三響）的聲音，就代表著「又有媽祖出巡囉！」

重點美食與道地小吃

根據長一輩的說法，士林夜市早在清朝時期就已經存在，當初是一群來自金山、基隆一帶的漁販，每天凌晨三、四點都會挑著擔子吆喝著，在此地做起生意來。正因為是半夜的市集，一盞盞的燈火聚集在一起，遠遠看還以為是個「鬼市」！所以最早的士林夜市又有「鬼市」的稱號，不過現在這個「鬼市」卻是「人」潮洶湧，例假日前往，總得被人潮推著往前移動，有總身不由己的感覺。

以美食著稱的士林夜市，大致上可分為二大區塊，一是以陽明戲院周邊街道至大南路慈誠宮附近的小吃，另外就是劍潭捷運站出口就可以看到的小吃攤規劃區。大香腸、大雞排、青蛙下蛋、生炒花枝、大餅包小餅、生煎包、藥膳排骨、潤餅、水果冰、滷味……讓人看得眼花撩亂，該怎麼挑？順著人潮走準沒錯。

老饕必吃

原上海生煎包

地　　址 台北市大南路7之1號
電　　話 （02）8861-2713
營業時間 PM2:00～PM10:30，農曆過年連休十天
價　　格 生煎菜包、生煎肉包均10元

忙得無法轉身的老闆鍾芳雄抽空偷偷告訴我們，原來的「上海生煎包」，因為生意太好，房東決定把店面收回，從民國89至90年有整整二年的時間找不到適合的店面，但在老顧客不斷的催促下，便轉到現址來重新開張。

上海生煎包好吃的秘訣就於外皮完全都是手工揉製出來的，而內餡用的是豬後腿肉、夾心肉，肥瘦的比例是2：8的黃金比例，甩到肉有彈性，吃起來才會鮮美。

芳記麵店

地　　址 台北市大南路6號
電　　話 （02）2883-9049
營業時間 AM11:30～PM10:00，隔周休一次，周三或周四休
價　　格 排骨麵85元、餛飩麵65元、乾麵45元

在士林夜市這個戰場，竟然有一家麵店天天高朋滿座！標榜「30年老店」的功力，親自試吃過後就知道，這裡的手工白麵，吃起來的口感就是不一樣。

老闆透露，麵好吃的祕訣在於彈性和寬度，而且手工製作，保證彈牙又好吃。而炸得金黃的排骨，則特選新鮮里肌肉，以蒜、薑、糖去調味，一口咬下，燙口之餘，那裹在麵衣下的里肌肉，美味到嫩得沒話說，還吃得出純樸的滋味。這裡常見畢業的銘傳學生，在結婚生子之後，還帶著一家大小來懷念學生時代的美食滋味。

青蛙下蛋

地　　址 台北市文林路，陽明戲院旁
電　　話 0918039676，30杯以上可外送
營業時間 PM2:00～AM2:00，全年無休（颱風天例外）
價　　格 粉圓＋愛玉35元、粉圓＋綠豆35元、粉圓＋鮮奶35元

青蛙下蛋由於名字特別，經常吸引觀光客來一探究竟。比一般粉圓大又比波霸粉圓小一點點，彈Q的青蛙蛋加上碎冰，最適合邊走邊喝邊逛街了。

老闆極力推薦「粉圓＋綠豆」最對味，粉圓固然有名，但我們私底下認為，這裡的綠豆才「正」哪！煮到粉嫩鬆軟，綿密的口感至今難忘。而年輕人的「綠豆鮮奶加粉圓」，果然有「潮流」的味道。放在一旁的零點自己找，童叟無欺，也是一大噱頭。

昇記香腸（大腸包小腸）

地　　址 台北市基河路60號，308攤
電　　話（02）2885-6258，訂60份有外送服務
營業時間 PM4:00～AM1:00，全年無休
價　　格 大腸包小腸50元、香腸大份100元，小份60元、糯米腸25元

早在42年前，士林的昇記香腸就已經把「糯米腸」及「香腸」包在一起賣了。堅持選用當天早上剛宰殺的豬隻，以100斤的後腿肉加上30斤的肥肉，調出來的黃金肥瘦比例，是香腸好吃的秘訣。同時再搭配上酸菜、小黃瓜和菜脯，放入糯米腸中，簡單的美味即刻滿足。而饕客也推薦的肥嫩雞屁股，則是用特製的祕方醃漬6個小時後，放到烤箱後再放在碳火上反覆燒烤而成。逼出的油汁香味四溢，香到連香港人都愛。生意好的時候，客人拿號碼牌等候還排到300多號呢！

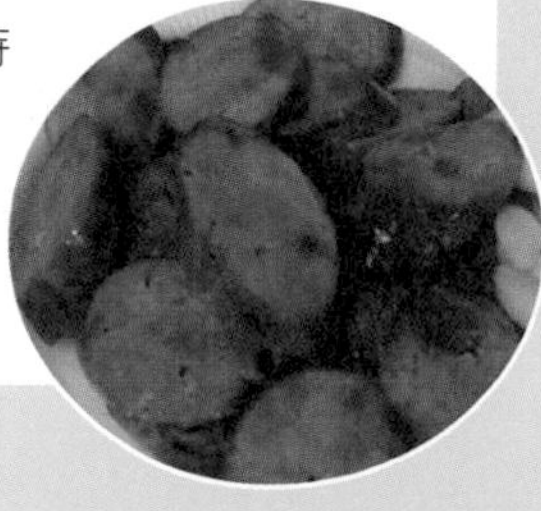

老饕必吃

309草寓

地　　址 台北市基河路60號，309攤
電　　話 0937095621
營業時間 PM4:00～AM2:00，僅除夕休一天
價　　格 鍋邊趖湯50元、生炒花枝60元、蚵仔煎50元、臭豆腐35元、炒米粉30元

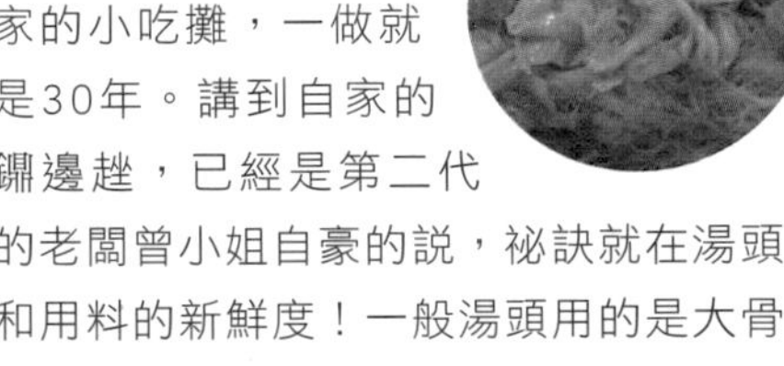

309草寓是以鍋邊趖起家的小吃攤，一做就是30年。講到自家的鍋邊趖，已經是第二代的老闆曾小姐自豪的說，祕訣就在湯頭和用料的新鮮度！一般湯頭用的是大骨熬煮，但是草寓用的是蝦米、魷魚和小丁香魚作底，文火慢熬。舀起一匙才入口，果然就有一股特別清甜的口感。而來到士林不能不吃的生炒花枝羹，除了用海鮮作湯底之外，連爆香都另外加了海鮮下去爆香，來增加花枝羹的鮮度，再搭配上特製的小魚辣椒，好吃沒話說。

大餅包小餅

地　　址 台北市基河路60號，501攤位
電　　話 不提供
營業時間 PM4:00～AM2:00，全年無休
價　　格 12種口味，每個35元、3個100元

「大餅包小餅」應該是士林獨有的「特產」吧。一張薄薄的餅皮，再把一個炸得外酥肉軟的紅豆餡餅壓碎後包在一起，一起送入口中，那滋味軟軟、酥酥的，花生香氣搭配紅豆的綿密，終於能體驗到這大餅包小餅的妙滋味。而最早大餅包小餅只有豆沙和香酥兩種口味，現在已經研發出12種口味，甜鹹都有，任君挑選。

內行人都知道吃大餅包小餅要找501號的創始攤位，過去因為生意太好，第一代老闆積勞成疾而去世，現在由兒子及媳婦接手，人潮依然不斷。

五十年老店青草茶

地　　址 台北市大南路44號
電　　話 （02）2881-0966
營業時間 AM08:30~AM12:30、周五、周六 AM08:30~AM01:30，全年無休
價　　格 青草茶，小15元、大30元、一瓶80元；苦茶，小25元、大50元、一瓶140元

有50年經驗的青草茶店，剛好就位在慈誠宮附近，目前由第三代經營。嚐一口，那混合著鳳尾草、雷公根、咸豐草、西洋蒲公英、蕺菜、蟛蜞菊等十數種青草，調製而成的祖傳青草茶沁涼入心頭，有種自然的回甘喉韻。

老闆說，每一家的青草茶配方都不盡相同，最重要的是各種草藥的比例如何搭配，再遵循古法調製。大熱天來上一口，能解暑熱。若不怕苦的話，也推薦「苦茶」，對於火氣大、牙肉發炎的人相當有效。而現在流行的「奶茶」系列，經過老闆的巧思，有了青草奶茶、枸杞奶茶……味道特別，非常值得一試。

素食辣豆干（吳家豆乾）

地　　址 台北市文林路101巷，陽明戲院旁
電　　話 （02）2882-1655、0930995833，可網路訂購，全省低溫宅配
營業時間 PM4:00～PM12:00
價　　格 招牌沙茶百頁、招牌沙茶素肉、素食辣豆乾、香菇阿給、原味長條、綜合口味，均半斤60元

一桶桶的黑豆乾擺滿了小小的攤子，這可都是每天在攝氏五十度的高溫下，手工煨滷出的30年好滋味，產品全都是素食口味。香味四溢，經過的人總是會不由自主的垂涎駐足。

堅持不添加防腐劑、完全手工製作，老闆娘黃屁笑容親切的表示，銷售長紅的沙茶素肉得經過長達8小時以上的長時間煨滷，才能讓大豆醬油及香菇沙茶的香味融入素肉中。而帶著八角風味的原味長條豆乾則是以彈Q口感取勝，地位卅年不敗。

士林 慈誠宮

旗津 天后宮
屏東 慈鳳宮
宜蘭 昭應宮

周邊景點

海線

淡水老街、漁人碼頭

到了士林，豈有不順路去淡水的道理？在逛士林夜市之前，先搭捷運往淡水站去，出了捷運站往左邊走，就是淡水老街了！

既然名為「老街」，建築自然是由許多古早味的店舖所組成，也因為這樣，吸引了許多的古董店及民俗藝品店進駐，走在街上更能感染到濃濃的懷舊風。而老街上的德裕魚丸、可口魚丸、味香魚丸、許義魚酥、阿婆鐵蛋，還有在油豆腐內塞滿冬粉，再糊上魚漿蒸過之後的阿給，獨特的淡水風味小吃，千萬不能錯過。

另外，沿著河堤走到淡水漁人碼頭，眺望對面的觀音山、看看星光，感受海風的吹拂，享受充分的浪漫與海島氣氛，豈不是樂事！

山線

路程距離 從劍潭站搭捷運約20分鐘。

交通方式

捷運：（快速又節能減碳）

搭乘捷運淡水線至淡水捷運站，出捷運站左轉就是淡水老街；轉搭指南客運紅26路、836路公車即可到達淡水漁人碼頭。

開車：

由台北大業路→關渡→竹圍→直行至淡水中正東路左手邊是淡水老街，再依指標至中正路即可到達淡水漁人碼頭。

士林官邸公園、故宮博物院、陽明山國家公園

有些人喜歡海，但有些人獨獨鍾情於山林，近郊的士林官邸公園、陽明山和故宮也是很好的休閒選擇。

來到陽明山，可以體會遠離塵囂的寧靜感，讓心靈好好沈澱、休息，也可以泡泡溫泉，透過身體的洗滌，也洗去心靈的疲憊；而竹子湖的海芋田則有

另一股田園的氣氛，很適合親子同遊。如果時間允許，陽明山國家公園、冷水坑、竹子湖、馬槽溫泉、二子坪步道、七星山、擎天崗，每個景點都值得細細品嚐。

不遠的士林官邸公園和故宮博物院，也是一條可以選擇的路線。官邸內各式花卉和綠樹構成的生態公園，足夠一家人消磨時間。而故宮中國宮殿式的建築，內藏有全世界最多的中華藝術，同時涵蓋了五千年的中國歷史，珍寶數量多達六十五萬五千多件。包括郭熙的「早春圖」、范寬的「谿山行旅圖」、蘇軾的「寒食帖」，甚至是「翠玉白菜」等歷史課本上的文物在這裡都可以看到真品！

・路程距離

搭公車和開車，不塞車的話，約30分鐘。

・交通方式

公車：

往陽明山國家公園，請搭乘109、219、260、260（副）、535（副）、小9、小9（副）、紅5至陽明山站即可到達。

往士林官邸，可搭203、279、310。故宮方向，請搭乘小18、小19、紅30、255、255（區間車）、304承德線、304重慶線至故宮博物院站即可到達。

自行開車：

往士林官邸、陽明山國家公園

1、走福林路可先到達士林官邸，再往仰德大道即可到達陽明山國家公園。

2、由北投走陽投公路續行上山即可到達陽明山國家公園。

往故宮

1、國道一號：由濱江交流道下，左轉大直橋過自強隧道於故宮路與至善路口右轉即可到達國立故宮博物院。

2、國道一號：由內湖交流道下，左轉快速道路至內湖路一段，續接北安路過自強隧道，於故宮路與至善路口右轉即可到達國立故宮博物院。

萬華 龍山寺

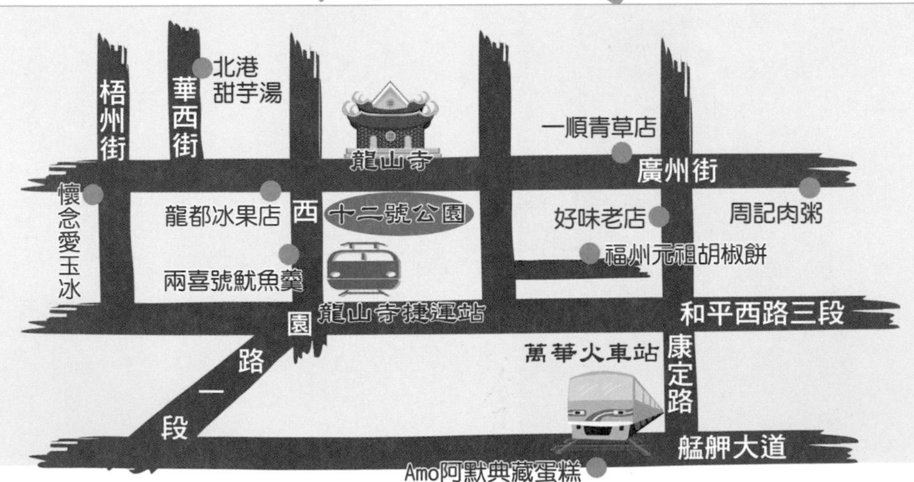

梧州街
華西街
北港甜芋湯
龍山寺
一順青草店
廣州街
懷念愛玉冰
龍都冰果店
西
十二號公園
好味老店
周記肉粥
兩喜號魷魚羹
福州元祖胡椒餅
園
龍山寺捷運站
和平西路三段
路
一
段
萬華火車站
康定路
艋舺大道
Amo阿默典藏蛋糕

基本資料大公開

地　　址　台北市廣州街211號
電　　話　(02) 2302-5162
開放時間　AM6:00～PM6:00
主　　祀　觀世音菩薩
副　　祀　天上聖母、文殊菩薩、普賢菩薩、城隍爺、池頭夫人、大魁星君、文昌帝君、紫陽夫子、關聖帝君、十八羅漢、註生娘娘、水仙尊王、山神、三官大帝、福德正神、地藏王菩薩

祈　　求

1、觀世音菩薩：傳說二次大戰期間，正殿遭炮彈擊中，殿堂全毀，唯有此尊神像安然屹立於蓮花座上，信徒皆稱「佛祖顯靈」更加虔敬崇拜信仰，有什麼祈求都可以誠心向祂祈求，消災解厄。
2、城隍爺：求事業；月下老人：求姻緣；註生娘娘：求子；文昌帝君：考試順利。

怎 麼 拜

共有七個爐，分成正殿跟後殿兩殿，每爐一柱香，主神是觀世音菩薩。參拜順序先從正殿外的天公爐開始，再到觀世音爐，接下來從後殿的右至左為參拜順序。

1、先報上姓名、年齡、住址及所求事項。
2、一次僅可請示一件事、擲一次筊即可（記住，不需三次聖筊）。
3、聖筊表示好或可；笑筊表示請筊者陳述不明無法裁示或明知無機緣仍然執著者。
4、陰筊表示不好或不。
5、求籤時一籤僅能問一事，先擲筊得到聖筊後才能取籤。
6、抽籤後記取號碼並將籤支放回籤筒，再次擲筊請示觀音佛祖是否正確，若連續三次聖筊，至籤詩座取出該號籤詩。
7、至解籤處請老師解籤。

禁忌

1、這裡和迪化街的月老廟是台北兩大求姻緣的聖地，常可見導遊帶著日本遊客來求紅線。由於香火太旺，廟方不得不在一旁的紅線箱上註明，一定要擲筊得到聖杯才能取紅線，而且一次只能取一份，可不要將月老廳的紅線當成紀念品隨意拿取喔！
2、廟方貼心地在文昌帝君前設有「准考證影本放置處」，要求考運者，必須先將報考的准考證影本放入箱中，然後再依照求籤的規矩報出姓名及參加考試的項目，向文昌帝君誠心祈求。

特殊文化慶典

新春開正開經，農曆除夕正子時舉行典禮
農曆二月十九日上午十一時，觀世音菩薩聖誕
農曆四月八日，浴佛節，釋迦牟尼佛聖誕

文化導覽　星期六PM1:30～4:30；星期日AM 9:00～12:00、PM 1:30～4:30。
團體預約導覽可在一週前電洽龍山寺或萬華區公所（02）23064468。

龍山寺

評鑑

文化古蹟評價	★★★★★
交通路線評價	★★★★★
美味小吃評價	★★★★
伴手好禮評價	★
週邊景點評價	★★★

創建歷史與傳奇故事

一群又一群的日本人對廟內的建築比手畫腳，你可不要以為來到了日本的淺草寺！這是萬華龍山寺每天都要上演好幾次的景象，它象徵著國際觀光價值，也讓龍山寺與故宮博物院、中正紀念堂並列為國際觀光客來台三大旅遊勝地，更是台灣最具國際能見度的廟宇。

「一府二鹿三艋舺」，龍山寺位於台北市最早開發的艋舺（萬華）地區，是萬華地區信仰中心，建於清乾隆三年（西元1738年）的寺廟已有二百七十年的歷史，是列入保護的國家級二級古蹟龍山寺，堪稱台北第一名剎。

兩百多年來，經過多次的修建，整個結構是完整的「回」字形，為中國古典之三進四合院傳統宮殿式建築，是一種非常尊貴的佈局。

龍山寺最受人注目的是供奉分屬佛道的眾多神明，前殿及正殿結構奇巧的藻井、精雕細琢的石雕、轎頂式屋頂造型的鐘鼓樓、琳琅滿目的書法和詩句。在廟中抬起頭向上望，處處可見百年以上歷史的牌匾。其門壁樑柱極盡精雕細琢之美，更是結合清代、日據與光復後綜合表現的寺廟藝術——全寺屋頂脊帶和飛簷由龍、鳳、麒麟等吉祥動物造形，裝飾以彩色玻璃瓷片剪粘和交趾陶，色彩瑰麗，堪稱台灣特有剪粘藝術之精華，因此龍山寺被公認為台灣最華麗的廟宇。

來到龍山寺可以仔細觀察不少獨特之處：

1、來到這裡參拜的年輕人特別多，其中又以年輕女孩居多，這是其他廟宇看不到的景象。

2、各處湧入的志工每天最少超過百人，重大節慶時更有三、四百人之多，沒有綿密的組織、沒有固定的排班，無論是擦拭燭台或參拜動線的導覽，每位志工總可以在廟中找到為菩薩效勞的方式與位置。

3、既然列為重要的觀光景點，當然服務也很周到。為了服務眾多的觀光客，各項告示解說也都有中、英、日三種語言的介紹。而「龍門」入口後的香燭販賣處，也有仔細的參拜流程說明，如果不小心錯過了，詢問點香處的志工們也能得到親切的解說。

重點美食與道地小吃

萬華是台北最早開發的地方，不但擁有台北市最老的街道貴陽街，從清朝嘉慶年間開始至台北城創立之初，這裡一直都是台北最重要的人文經濟薈萃之地。雖然隨著時間的推移以及行政區塊的移轉，西區風華如今已逐漸褪去，可是斑駁的古式建物及灰樸的色調，卻孕育出最地道的台北庶民文化與美食滋味。要細細品味台北人的滄桑史及平民的美食之味，千萬不要錯過了萬華地區。

周記肉粥

地　　址　台北市廣州街104號
電　　話　（02）2302-5588
營業時間　AM6:00～PM4:50，公休時間不固定
價　　格　肉粥15元、紅燒肉50元、各式切料（1人份）50元

看起來不起眼的一家小店面，從1956年在路邊營業開始，50多年來周記已經成為萬華當地人每天必吃的早、午餐。

周記的「肉粥」，其實是「粒粒皆分明、飯泡著湯」的台式鹹粥。豬大骨高湯熬的稀飯，加上一些油蔥及豆皮，趁熱，二三口就吃掉了一碗。再推薦那肥瘦適中的「炸紅燒肉」，只靠簡單的醃醬再沾粉下鍋油炸，最後淋上特製的甜辣醬，香脆穌黃的外皮和細緻的口感，不禁讓人胃口大開，回味再三。

好味老店

地　　址　台北市康定路302～1號
電　　話　（02）2308-3694，電話訂購可低溫宅配
營業時間　AM9:30～PM6:30（ 週日至下午五點）
價　　格　珍珠餛飩湯40元、珍珠餛飩麵55元、蝦丸湯25元、綜合湯65元

在萬華一帶屹立近50年，承襲家業的第二代經營者黃秀仲夫妻，為招牌產品取了個響亮的「珍珠」名號。即使到了下午三、四點鐘，營業項目只有幾項簡單麵點及小菜，老店靠的就是與客人搏感情的在地好味道。

圓股股、姆指般大小，包裹著超薄的外皮，下鍋後呈現飽滿瑩透的珍珠餛飩，選用優質豬後腿肉剔筋除膜，再拌入少許肥肉，讓「珍珠」入口後仍有鮮肉的清甜和滑潤的清爽口感。這種嚐得到肉餡的好嚼感，讓始終客人絡繹不絕。

兩喜號魷魚羹

地　　址　台北市西園路1段196號
電　　話　（02）2236-1129
營業時間　總店，廣州街225號，AM 11：00～PM 12：00
　　　　　分店，西園路1段196號，AM 11：00～PM 11：30
價　　格　魷魚羹大80元、小40元；綜合 80元；炒米粉大35元、小25元

創立於民國10年（西元1921年），兩喜號是萬華地區最古老的小吃店。當時18歲的陳兩喜在龍山寺旁的消防隊賣魷魚迄今，它在萬華已經有兩家店面了。而對許多萬華人來說，這就是「家」的味道。

挑選了上等的魷魚，經過浸油再抽筋條、泡鹼粉，使其柔軟，它的魷魚，就是有著獨特的脆度。至於魷魚羹中的「魷魚」及「羹」其實是分開的，另外還配上了魚，口味鮮美至極，同時來盤炒米粉，就是傳統而簡單的台灣味。

福州元祖胡椒餅

地　　址　台北市和平西路三段89巷2弄5號
電　　話　（02）2308-3075
營業時間　AM9:30～PM6:30（最後一鍋出爐時間）
價　　格　胡椒餅45元

如果不是「巷子內的人」，還真找不到這家躲在巷子裡的當紅胡椒餅！走在龍山寺附近的街道上，隨便問人問好吃的胡椒餅在哪，大夥毫不猶豫地就指向這家，但是左拐右彎，找它還得費一番功夫。

小巷裡的福州元祖胡椒餅經營到現在已是第三代，擁有超過50年的歷史。一爐30分鐘可以烤70個，雖然現場有三個爐輪流出爐，還是抵不過長長排隊人龍，到了假日更是一餅難求，還得動用號碼牌來取貨。

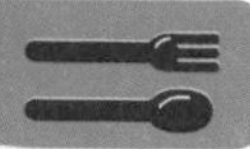

懷念愛玉冰

地　　址　台北市廣州街202號之1（廣州街和梧州街口）
電　　話　（02）2306-1828
營業時間　PM3:00～12:00，公休時間不一定
價　　格　愛玉冰30元

堅持用透明塑膠袋裝打包，沒有過度的行銷及包裝，老顧客來到這沒有座位的店面，隨處一站，一口氣就喝完一碗。從民國40年一碗五角賣到現在一碗30元，懷念愛玉冰有的是50幾年歷史。

「本店負責人以純愛玉純砂糖向顧客保證，如果不是真貨，願以壹倍退還壹仟倍！」隨著人潮買了一袋來嘗鮮，吸一口，那淡黃色、滑溜的檸檬愛玉果真甜度適中，口感絕佳。難怪老闆在招牌上「掛保證」，這決心可不是一般冰店可以比的。

北港甜芋湯

地　　址　台北市華西街觀光夜市59號
電　　話　（02）23023281
營業時間　PM3:30～PM11:00
價　　格　甜麻糬35元、甜芋湯35元、紅豆湯35元、米糕粥30元

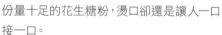

一個個白胖胖的白麻糬在大鍋中翻滾著，挑起了許多女性朋友的食慾。滾燙的燒麻糬淋上份量十足的花生糖粉，燙口卻還是讓人一口接一口。

北港甜芋湯的燒麻糬是導演蔡揚名在華西街最愛的家鄉味，操著北港腔的老闆陳江河，還保有著南部的樸實與靦覥。不多話的他站在熱鍋旁，一碗碗地將泡在糖水裡熬煮的燒麻糬遞到客人面前，也不提醒實在「燒」，吃的時候會燙口，只順道奉上一杯茶水，讓你吃完時可以解膩，實在貼心。

這家在華西街已經營業了50年的老店，以甜品著名，除了燒麻糬外，還有米糕粥、甜芋湯、紅豆湯等，是真正的古早味。

龍都冰果店

地　　址 台北市廣州街168號
電　　話 （02）2308-3223
營業時間 AM11:00～AM1:30
價　　格 八寶冰55元、無敵八寶冰80元、芒果牛乳冰100元、無敵芒果冰 130元

芋頭、湯圓、花豆、紅豆、綠豆、脆圓、芋圓、花生所組成的八寶冰，是龍都冰果店的必殺冰品，雖然才停留15分鐘的時間，但大概平均每10個進來的客人，有超過5個以上是指名要八寶冰，可見其魅力。

從1920年創立至今，龍都已經走過近90個年頭，是有著三代經驗傳承的傳統美味。樣樣精心熬煮、琳瑯滿目的餡料，光是挑選，就可以想像其入口後的綿密口感以及純砂糖水的搭配，清涼、甜而不膩，來萬華你一定得嘗嘗。

一順青草店

地　　址 台北市廣州街167號
電　　話 （02）2308-2053，可代客煎煮並全省宅配到府
營業時間 AM9:00～PM10:00，每週日公休
價　　格 苦茶小20元、大30元、瓶裝100元；青草茶小15元大25元、瓶裝75元；金線蓮小40元、大40元；各式青草藥販售。

即使時代在進步，但青草的使用不但沒有減少反而悄悄增加，這種留有古樸自然原味的口感，最適合在炎熱的夏季裡來上一杯，暑意立解。

在萬華已經經營卅多年的一順清草店翁老闆，正在廚房中為客人煮熬草藥。這裡不但進行藥頭批發零售，還可以代客熬煮、各式茶包代製等，並可宅配到府。

與過去相比，現代的青草茶將仙草、薄荷、咸豐草等比例進行部份調整，成了改良式青草茶，不苦也沒藥味，相當適合吃完夜市美食後的老饕「去油解膩」。

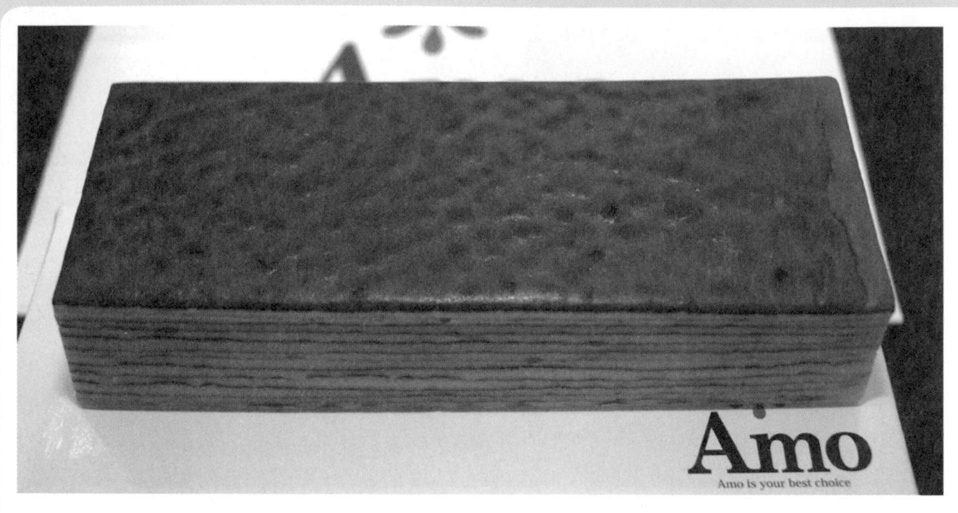

Amo阿默典藏蛋糕

地　　址　台北市艋舺大道184號1樓（萬華捷運站一號出口右轉）
電　　話　(02)2306-3752
營業時間　AM9:00～PM9:00
價　　格　日本高鈣乳酪蛋糕240元、荷蘭貴族手工蛋糕290元、台灣蜂蜜千層蛋糕280元、美國紐約乳酪蛋糕270元

位於艋舺大道旁的一家不起眼的小店鋪，店內外卻擺滿了要宅配送出的蛋糕，營業額相當驚人。以日本高鈣乳酪蛋糕起家的阿默典藏蛋糕是新竄起的網購新秀，名列上班族網路團購宅配中前十名中，靠的就是讓愛吃甜食又怕胖女性風靡的低脂減糖的配方。

口感紮實，手工13層烘焙的荷蘭貴族手工蛋糕，逐層製作、上色，一條需要花費2個小時烘焙，只能限量供應。許多上班族寧願多花一個星期排單等候，為了就是一嚐其純手工的正統口感。

周邊景點

路程距離 從龍山寺步行五至十分鐘。

交通方式

搭車：

1、捷運：於龍山寺站搭至西門站下車。

2、公車：經過台北火車站方向者，均可到達。

自行開車：

往北走至中華路一段，左走邊即為西門町。

西門町

台灣流行之最、
台北電影娛樂的發源地

剛剛朝聖完龍山寺，你怎麼可以錯過鄰近的西門町？與龍山寺站僅差一個捷運站的西門町，融合了日式、美式、韓式各種多元的風格，是許多大小朋友認識大台北的第一個入門點。

「西門町」指的是東起中華路、西到康定路、南到成都路三段，北到漢口街之間的區域。站在西門町的街頭，有著與日本新宿街頭相仿的場景，奇裝異服的龐克少年、等著進紅包場的老年人，還有親子一起站在抓娃娃機前的專注景象，這是有著北台灣文化的大雜燴演出，堪稱台灣流行之最。

從日本人治台時期以來，西門町就已被列為全台灣最熱門的娛樂地點，是台北電影娛樂的發源地，也是第一次來

到台北的人必定造訪之處。假日的西門徒步區，人潮擁擠，你可以隨意找到各式台灣最道地的小吃，也可以沒入年輕人風行的紋身街。當然這裡也是購物的天堂，五花八門的店家中，均有男女老少最流行的話題與商品。近年來，西門町已經成為年輕人表現自我風格的中心，三不五時還有不定時各式COSPLAY及街頭藝人的隨性表演。

當然，你也可以體會一下流動攤販與警察捉迷藏的刺激，想像買了一串烤魷魚還沒拿到手，攤車已經躲入小巷子中的追逐場景。還可以站在路邊，吃上一碗熱呼呼的阿宗麵線，再來一杯道地的珍珠奶茶。如果不過癮，隨處可見的美式速食店、日本壽司、韓式泡菜鍋或是義大利麵，隨時都可享受一下異國料理。而別忘了離去之前，拍張大頭貼留做紀念哦！

大稻埕 霞海城隍廟

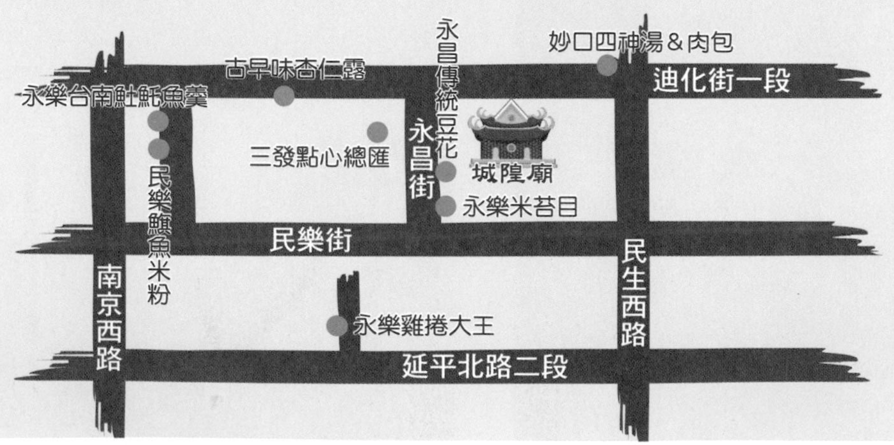
妙口四神湯＆肉包
迪化街一段
古早味杏仁露
永昌傳統豆花
永樂台南魠魠魚羹
三發點心總匯
永昌街
城隍廟
永樂米苔目
民樂鯕魚米粉
民樂街
民生西路
南京西路
永樂雞捲大王
延平北路二段

基本資料大公開

地　　址　台北市迪化街一段61號
電　　話　（02）2558-0346
開放時間　AM06：00～PM08：00
主　　祀　城隍爺
副　　祀　城隍夫人、月下老人、八司官、文武判官、范謝將軍、八將，馬使爺及義勇公等六百多尊。

祈　　求

1、單身者向月下老人拜拜，祈求你的愛情運。
2、已婚者向城隍媽拜拜，幫助夫妻感情和睦、家庭幸福圓滿。

月老怎麼拜

1、在金紙舖買金紙和香。2、第一次拜月老時，必須在櫃檯買貢品（鉛錢、紅絲線、喜糖，只有第一次拜才需買供品）。
3、點香，三柱香要完全點燃。
4、面向天公爐前，拜天公：簡單自我介紹；名字、年齡、地址請示天公保祐事事平安順利。
5、到櫃枱領取貢品，面對城隍爺、月下老人及眾神；簡單自我介紹、名字、地址、年齡以及喜歡對象類型，（如富裕、能力強、英俊、健康、聰明），祈求早日如願。
6、拜菩薩；保祐聰明、心境和平。
7、拜城隍夫人：保祐家庭幸福。
8、拜義勇公：趕走小人、諸事平安順利。
9、到天公爐插香，再吃喜餅、吃糖沾沾喜，喝平安茶。
10、貢品的喜糖留下，廟方煮平安茶，分享大家。
11、鉛錢、紅絲線在香爐內，順時鐘方向繞三圈。將鉛錢、紅絲線放在皮夾內隨身保存。
12、金紙放在紙箱內由廟方代為焚燒。

小叮嚀

拜過後沒有姻緣立即上門別氣餒，記得下回來拜拜時，將隨身攜帶的紅絲線及鉛錢再拿到天公爐前繞三圈，以強化好人緣。

禁　　忌

1、第一次拜月老要準備6份貼著「囍」字的白糖、鉛錢、以及請月老牽姻緣的紅絲線，切記向月老祈緣，不要拿取超過一條以上的紅線，以免惹來不必要的感情糾紛。
2、感情的事不抽籤也不擲筊。

特殊文化慶典

國曆二月十四日，西洋情人節：拜月老
農曆五月十三日，城隍爺生日遶境：信眾祝壽演戲
農曆七月七日，七夕情人節
農曆八月十五日，月下老人誕辰：信眾祝壽演戲
農曆九月四日，城隍夫人聖誕：信眾祝壽演戲

文化導覽　團體導覽請事先電話聯絡

★霞海城隍廟屬於三級古蹟，為顧及環保，所有祭拜後的金紙都必須放置在集中箱，由廟方人員代為焚燒。

霞海城隍廟

評鑑	
文化古蹟評價	★★★★
交通路線評價	★★★
美味小吃評價	★★★★
伴手好禮評價	★★
週邊景點評價	★★★

創建歷史與傳奇故事

人們說「三月瘋媽祖、五月看城隍」，位於台北市迪化老街的霞海城隍廟是國家三級古蹟，面積雖只有46坪大，但不僅是大稻埕的重要信仰中心，也是台北最重要的廟宇之一。

建於1859年（清咸豐九年）的霞海城隍廟至今近150年歷史，當初是由一百多位從大陸廈門同安來的鄉親在渡海來台時，奉載霞海城隍金身同行。來台初期，暫安置於艋舺的八甲莊，由陳金絨奉祀，即今廣州街老松國小附近。城隍金身逐漸成為同安人的共同信仰，後來才將城隍爺帶到大稻埕來。

城隍廟的香火一直很興盛，並非沒有擴建的可能，但因為廟地接近市街商店，只能修繕而無法重建。然而，重建事宜起初是因為財力所陷，後來傳說因該地為雞母穴，有如母雞保護小雞般，讓大稻埕的士農工商都受到城隍爺保祐而生意興隆，因此霞海城隍廟便僅守著46坪的廟地而未予擴建。於是廟愈小愈發，小小的空間中竟然容了六百多尊的各式神像，佛道合一，神像應有盡有，令人目不暇給。

霞海城隍廟的一大特色為「菜刀型」的建築外觀，這表示城隍爺在判案時能夠當機立斷，而且刀口向著淡水河也可以劈開惡鬼煞氣、鎮邪止煞。

傳說大稻埕的「霞海城隍廟」能成人姻緣，城隍廟中雖然主祀城隍爺，但近幾年來卻以月下老人而聞名中外，香客每天絡繹不絕，吸引了許多國外觀光客前來請月老來遷成姻緣，甚至連影劇圈人士都趨之若鶩。所以入廟時，時常可以看到供桌上擺滿了許多還願的喜餅及喜糖要分送大家，信眾還可以喝杯紅棗和枸杞煮成的平安茶沾沾喜氣。

霞海城隍廟也是台北市少數有英文及日文導引標示的廟宇。在採訪時，廟方人員還誤以為我們是日本人，連廟外

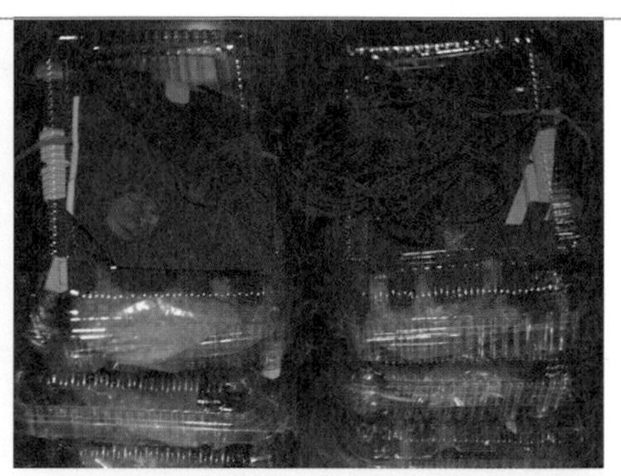

的小販都能講簡單的日語，可見其國際化程度。

重點美食與道地小吃

在日治時期，大稻埕曾經是台北市最重要的貿易商圈，也是與萬華並立的商業重鎮。在經濟、社會及文化活動上，都有傲人的發與成長，而迪化街更成為台北最重要的南北貨、茶葉、布匹和中藥材的集貨中心，這裡的庶民文化幾乎圍著霞海城隍廟向外幅射發展。鄰近的永樂市場則是見證台灣五十年代經濟奇蹟的紡織工業大本營。在未改建前，南來北往全台最好的布料幾乎都在這裡交易，也讓這裡成為各式小吃的集散地。而改建後的大稻埕則發展出屬於大稻埕風味的閩式小吃文化。

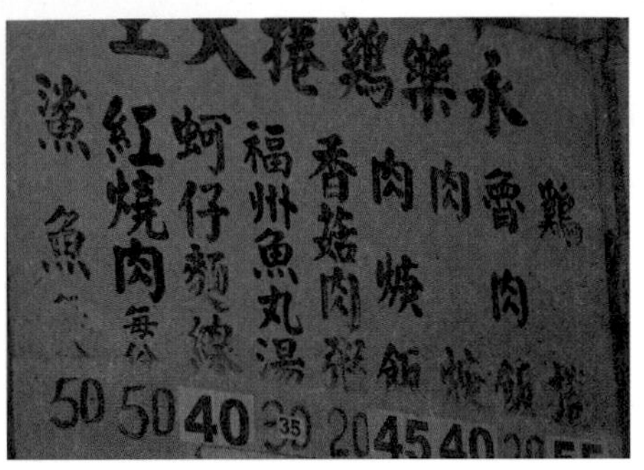

永樂雞捲大王

地　　址　台北市延平北路二段50巷6號
電　　話　（02）2556-0031
營業時間　AM7:30～PM13:30
價　　格　雞捲50元、香菇肉粥20元、魯肉飯20元、紅燒肉50元

老舊的店面、斑駁的價目表，真正「巷仔內」推薦！「雞捲」就是台語「多的捲」的意思 ，是早期福建人將剩下的食物包起來捲一捲然後炸來吃而成，所以內餡並沒有雞肉。

16種配方加上獨門醃料，還包著紅糟腿肉，足足 4兩重、炸得鼓鼓的雞捲，配著醃漬小黃瓜以及甜醬來吃，燙口卻格外的「涮」嘴。同時，再配上一碗清淡的香菇肉粥，保證是絕佳的早餐。而不喜歡吃早粥的人，也可選擇魯肉飯。

民樂鯕魚米粉

地　　址　台北市民樂街3號
電　　話　不提供
營業時間　上午6:30～12:30，下午改換賣熱炒
價　　格　鯕魚米粉30元（早上）、50元（下午）；炸紅燒肉大70元、小50元；炸豆腐20元

排放到街頭上的桌椅，一早就坐滿了許多人，大家埋頭猛吃的就是最富盛名的「鯕魚米粉」。這是許多大稻埕人印象中的早餐，再配上炸豆腐或是紅燒肉，就是一天活力的來源。

褪色的招牌看得出超過七十年的歷史，還分早上及下午兩班輪流進行。同樣是鯕魚米粉，早餐的較小碗，鯕魚切塊小，下午的價格較高但份量較多，放入的是較厚的魚肉丁。而炸物選擇多也很多，約在中午十二點前，熱門的切料就幾乎賣完了。

古早味杏仁露

地　　址　台北市永樂市場一樓1204室(霞海城隍廟旁)
電　　話　0916838987，廿碗可外送，有限定距離，請先電話預約
營業時間　AM8:00～PM6:00，全年無休
價　　格　杏仁露35元、紅豆露35元、綠豆露35元、綜合45元

為了保有古早味，22歲來到大稻埕後便跟著師傅學做杏仁露的顏老闆，不但將原來的流動攤車擺放在店門口懷舊，連磁碗也是傳統的大同磁碗。

杏仁露就是加了杏仁粉的石花凍，食材簡單卻樸實得可貴。用湯匙切開再搭配煉乳和一些剉冰，口感滑潤讓人暑意全消。喜歡多點變化的人可以選擇煮到化開的紅豆或是綠豆，混合杏仁露入口即化的甜蜜口感，也是一絕。而每年的11月底至翌年的4月底也供應紅豆湯及花豆湯，滿足顧客冬日懷舊的渴望。

永樂米苔目

地　　址　台北市永昌街7號
電　　話　（02）2559-9603
營業時間　周一至周五AM7:00～PM6:00；星期六、日AM7:00～3:00
價　　格　米苔目20元；豬皮、豬肝連、生腸、豬肺等各式切料30元起

對於那些對豬內臟敬謝不敏的人來說，他們永遠不會了解庶民所謂的「黑白切」是有多麼的吸引人。

米苔目要好吃，除了要有純米的香Q之外，最重要的就是那鍋滷燙了許多豬肉臟的高湯。只要在高湯中「涮」幾下，再加些油蔥及韮菜，幸福的滋味遠勝過牛排、魚翅。而搭配的豬肺、生腸、大腸頭和肝連等，肉汁鮮甜，入口後卻沒有腥味，難怪即使到了下午三、四點的離峰時間，這經營了40年、傳承三代的台灣傳統小吃店仍是人潮不斷。

永樂台南魠魠魚

地　　址 台北市民樂街1號

電　　話 （02）2558-8658

營業時間 星期一至五 AM7:00～PM9:00；星期六、日 AM7:00～PM6:00

價　　格 **魠**魠魚羹60元、乾麵30元

一鍋簡單的羹湯，加上新鮮的魠魠魚沾了少許麵衣大火油炸，這裡的魠魠魚羹有著一股令人無法忘懷的簡單美味。

每天從台南產地直接配送，儘管裹粉炸過，魚肉的彈牙及新鮮仍然嘗得出來。尤其剛炸好灑點胡椒鹽，外酥內軟，現吃最過癮，當然，放到炒香剁碎的蒜頭與大白菜中與　湯一起熬煮，魚塊吸飽了清爽的湯汁，滋味更美妙！招牌上的「正宗台南」在吃過後果真說明了一切。

妙口四神湯＆肉包

地　　址 台北市民生西路、迪化街一段交叉口（彰化銀行騎樓下）

電　　話 0919931007，可電話訂購，恕不外送

營業時間 AM12:00～PM7:00，每週一公休

價　　格 肉包18元、四神湯50元

傍晚下班時間擠滿了人，大家都是在等待香噴噴，一天可以賣掉一、二千個的肉包。

第二代的老闆駱其榮在這裡經營了卅五年，一家三口每天從中午開始忙碌地做包子，堅持手工製作，所以每一顆都有著細微的不同。

熱騰騰、肉汁四溢的肉包加了洋蔥及黑胡椒提味，化解了令人擔心的油膩感，再配上一碗料多到快滿出來的四神湯，這個中式下午茶餐實在令人滿足！

永昌傳統豆花店

地　　址 台北市永昌街9號
電　　話 （02）2555-5791
營業時間 AM10:00～PM5:30
價　　格 杏仁茶35元（內用）、40元（外帶）；杏仁豆腐加油條45元；花生湯豆花30元；紅豆湯30元

「老闆，來一碗杏仁茶」，熟客拿著自備的馬克杯站在店門口，杯裡的熱飲不一會兒就全部下肚了。在這裡已經經營了十二、三年的王老闆，招牌產品是杏仁豆腐及熱的和涼的杏仁茶。

杏仁有止咳潤肺的功效，無論是冬天或是夏天，都是很好的甜品。老闆的杏仁豆腐是以純正杏仁與在來米磨成漿所製成的杏仁茶，再加上奶粉及食用膠製成的，和坊間加了洋菜粉的便宜材料不能比，連不喜歡杏仁味的人都能輕易接受。

三發點心總匯專賣店

地　　址 台北市迪化街一段21號1樓1138室（永樂市場內）
電　　話 （02）2559-6322，可電話洽購低溫宅配
營業時間 AM7:00~PM6:00，每月隔周的周一公休
價　　格 竹筍菜包25元、竹筍肉包25元、高麗菜包20元、青蔥肉包12元、蘿蔔糕（冬季限定）、八寶飯和手工年糕（農曆年限定）

一踏進市場內就傳來陣陣香味，原來是一樓三發點心的包子又出爐了。從上午9點半第一批出爐開始，每隔兩小時，就有熱騰騰的各式包子饅頭可享用。高麗菜包、竹筍包、芝麻包、銀絲卷、花卷……數十種點心一字排開，令人目不暇給。而近農曆年前，還有限量的蘿蔔糕、八寶飯及手工年糕販售。

這裡人氣最旺的是堅持使用梨山高麗菜的高麗菜包；竹筍包則是混合了三層肉與些許鹹鴨蛋黃。特別推作工費時，舖滿12層紅豆綠豆沙的甜點「千層派」，如果沒有早一點來排隊，快就銷售一空呢！

大稻埕

碼頭騎鐵馬

來到大稻埕，怎麼玩最夯？跟著自行車走就對了，台灣島內因為節能減碳而吹起一陣「練習曲」風。緊偎淡水河畔的大稻埕碼頭，乘著風、沿著河岸，這段全長約三十公里的藍色自行車道，沿線經台北縣市，往北銜接社子島底，再接關渡水鳥保護區，往南則達著名的雁鴨公園、馬場町紀念公園等地，最貼心的是可以甲地租車乙地還，隨著體力及時間調整騎乘的距離。

在夕陽餘暉下襯映的大稻埕唐山帆船地標旁，好友、親子及情侶們的騎乘車隊零星經過，臉上總是帶著愜意的笑容。沿著河岸北行一路有陽明山景相伴，對照著沿途跨河大橋上的擁擠車潮，更加突顯出一派的悠閒心情。

乘船遊藍色公路

從大稻埕前往關渡和淡水，假日亦可選擇藍色公路淡水河遊船之旅，大稻埕碼頭（五號水門）設置了藍色公路乘船碼頭，周末假日從大稻埕碼頭開四班船，航行可往關渡或淡水。到關渡約60分鐘，到淡水漁人碼頭全程約80分鐘。

周邊景點

路程距離 出迪化街，遇民生西路左轉（往西）走到底即達五號水門，步行約5至10分鐘。

交通方式

租車資訊

公共自行車租借站，皆可甲地租車可乙地還車。

台北市：大佳河濱公園站、華中河濱公園站、觀山河濱公園站、美堤河濱公園站、木柵站、景福站、美麗華站、大稻埕站、關渡站。

台北縣：二重疏洪道親水公園站、八里站、華江河濱公園站、城林站、微風站、龍形站、永和站、浮洲站、碧潭站。

費用：每小時15至60元不等，視車型而定。

營業時間：大稻埕租借站，AM08:00～AM1200，PM2:00～PM7:30

乘船資訊

船班：周六、周日10:00、12:00、14:00、16:00

電話：(02)2553-1368，潮汐影響船班，宜先詢問。

船票：大稻埕到關渡150元，到淡水300元。

路程距離

出迪化街，遇民生西路左轉（往西）走到底即達五號水門，步行約5至10分鐘。

交通方式

不建議開車前往，步行或騎自行車更樂活。

新竹 都城隍廟

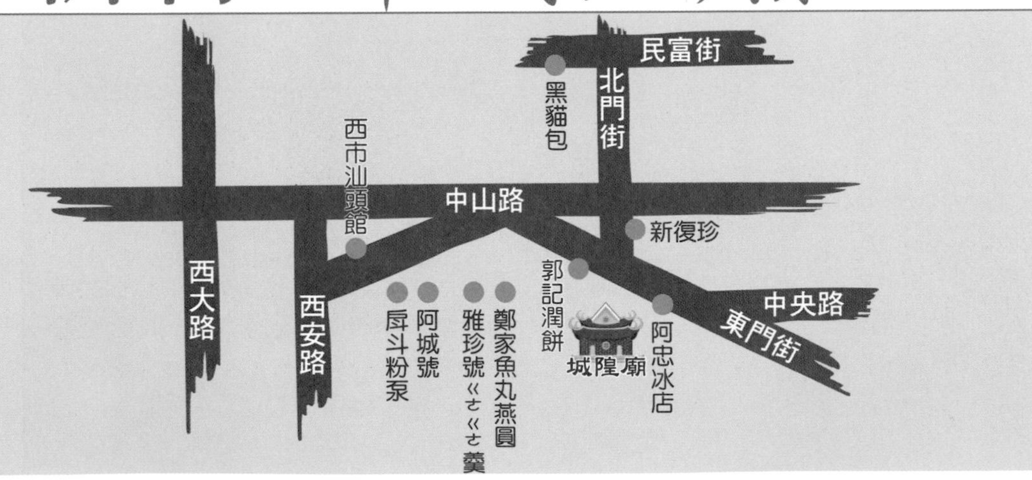
民富街
北門街
黑貓包
西市汕頭館
中山路
新復珍
西大路
西安路
郭記潤餅
中央路
東門街
城隍廟
阿忠冰店
鄭家魚丸燕圓
雅珍號ㄍㄜㄍㄜ羹
阿城號
戽斗粉泵

基本資料大公開

地　　址　新竹市中山路75號

電　　話　(03)522-3666、522-4888

開放時間　AM:4:00～PM22:30

主　　祀　城隍

副　　祀　城隍奶奶、彌勒佛、觀音菩薩

祈　　求

如果只是要解你心中的疑惑，則只要擲筊或抽籤即可。但如果對城隍爺有所求，也可以將你的要求稟報，獲得三個聖筊後即成。日後若事情有順遂記得以素果牲禮來謝城隍爺神恩，也可以演一齣戲或加做三獻禮以示隆重。如果在求城隍爺時認為不夠慎重，可以請道士為你誦疏文。

怎麼拜

共有五個香爐，即天公爐、城隍爺爐、城隍奶奶爐、彌勒佛爐、觀音殿爐。

1、準備五柱香或十五柱香(現在廟方統一規定只燒五柱香)

2、參拜城隍爺：點香後跪在城隍爺座前，報上你的名字、住址、出生年月日。並向城隍爺稟告：「弟子向城隍爺參拜問安，祈求一切順遂」。

3、拜請玉皇大帝座下巡察地上諸神：即到門外朝天空一拜，並將香插於天公爐。

4、繞拜諸神順序：接著進門後從右向外先拜陰陽司公，再拜六司公、土地公(請勿遺漏土地公桌下之虎爺)、山財神，六將爺。

5、參拜觀音殿：朝右前往觀音殿又稱「佛祖殿」，名稱叫做「法蓮寺」，香爐也在門外。

6、參拜彌勒佛殿：從觀音殿邊門向後進入彌勒佛殿，參拜及插上香。香爐在門外。

7、參拜奶奶殿：接著到城隍爺後殿即奶奶殿，參拜及插上香。

8、燒金紙：將金紙送到金爐燒，金爐在彌勒佛殿前。但為了環保問題，金紙不需拆卸也不需要準備太多。

禁　　忌　家有喪事者不宜入廟祭拜。

特殊文化慶典

農曆七月十五，農曆七月的迎城隍是當地一年一度的盛事，七月一日清晨，廟方會把虎門打開。所謂左青龍右白虎，鬼魂只知道龍門可以進門，虎門可以出門，所以城隍廟的虎門也叫鬼門，只有七月鬼節，鬼放假的日子才打開，其他月份都是關著的。七月十五日中元節當天是活動的最高潮，城隍爺本尊出巡，賑濟孤魂野鬼。

農曆十一月廿九日，城隍爺壽誕，一般要謝神都選在這個時候(壽誕當天不接受外人謝神演戲)，當天會湧入大量信徒，從十月中旬到舊曆過年止，城隍廟幾乎每天可見辦三獻禮及演戲謝神者。

文化導覽

團體導覽可洽新竹市文化局03-5319756，指派專人服務。

★新竹城隍廟目前設有特約道士，可預約，廟方將酌收報名費，若未在本廟道士報名處(沒有報名收據)請的道士都是來路不明的道士，小心受騙上當。

★為了落實不迷信及推動減碳環保政策，新竹都城隍廟不但設有灰飛處理器及噴霧集塵器，同時將金紙量減一半以上，拒絕大量焚燒金紙，而祭拜完畢後直接將金紙丟入金爐內即可，不需拆解，以減少空氣污染。

都城隍廟

評鑑	
文化古蹟評價	★★★★★
交通路線評價	★★★★
美味小吃評價	★★★★
伴手好禮評價	★★★
週邊景點評價	★★

創建歷史與傳奇故事

新竹的城隍廟於1748年（清乾隆十三年）建成，至今已有二百六十年的歷史，是三級古蹟。相傳在1890年清光緒帝在位時，因星象卦算推測出台灣將發生大災難，後經推舉決定以新竹城隍廟為舉辦護國祐民、祈災厄的「祭天狗」消災法會舉行地點。光緒皇帝同時為城隍加封為「威靈公・新竹都城隍」，地位從「府」提昇為「都」，台澎金馬所有城隍都變成新竹城隍的下屬，成為全台唯一的省級，也就是官位最高的城隍。法會完成後，光緒帝又欽賜了「金門保障」的墨匾，它目前仍高懸於城隍爺神龕之上，而光緒的聖旨原存在鐵算盤下之金斗鈞籃內，每年中元節城隍爺出巡時才會拿出來一次，不過很可惜的，正本已在二次大戰時遺失，現存的聖旨則為複製品。

相對許多台灣的廟宇所供奉的神明大都標榜是從中國大陸分爐而來，新竹都城隍則是道道地地的「台灣神」。關於城隍的傳說不勝枚舉，但歸納來說，城隍因兼管陰陽的特性，因此對陽間作惡之人有現世報的傳說，一般人認為，人從出生至死都由城隍爺來掌管，不管為善或作惡，城隍爺旁的文判官手上拿的生死簿就負責記載人一生的功過，所以有人稱，閻羅王的生死簿就是由城隍爺移送過去的。

新竹都城隍威靈顯赫的例子時有所聞，因此一年四季都香火鼎盛，所以民間有「新竹城隍爺、北港媽祖婆」的流傳。新竹城隍廟採台灣傳統的三殿式建築，雕樑畫棟，層層藻井，整個廟體由福州運來的石材建成，並由福州延請雕工精雕簷柱石獅神像等，進入大門上方的八卦藻井，為泉州惠安大木匠師王益順的作品，值得一看。

後殿則設夫人，大、二少爺及註生娘娘神座和彌勒佛殿。城隍是司法神，掌管陰間與陽間的賞罰善惡，所以有部下也有六個執行官，文官、武判、牛頭、馬面、枷神、鎖神、七爺、八爺（也就是范、謝兩位將軍）。廟內佈置得猶如古代的衙門，雕像的威武，加上進入廟前兩邊壁上一邊刻著「正直」，一邊刻著「聰明」，就令人不覺得肅然起敬。

重點美食與道地小吃

人言：「沒去過城隍廟，不算來過新竹，而來到城隍廟，沒有『過五關』，還是不能稱去過新竹！」這是新竹流傳的最通俗的待客之道。由於來各全省各地的香客絡繹不絕，因此城隍廟前的小吃攤就逐漸形成一個飲食市集，新竹著名的炒米粉、摃丸、肉圓、蚵仔煎、魯肉飯和各式羹類等應有盡有，隨便一問，都是超過五十年以上的老字號小吃攤，已成了新竹市一大觀光景點。所謂「過五關」就是要一口氣在廟口吃完五種小吃，意思就是要你吃飽喝足。前總統經國先生曾也多次到此品嚐新竹小吃，但隨著時代進步，現在攤商則改掛起與馬英九總統的合照了。

老饕必吃

阿城號

地　　址　城隍廟口內、新竹市仁化街4號
電　　話　（03）528-4517，可電話訂購低溫宅配
營業時間　AM6:30～PM9:30，公休日：每個月第二、第四週的星期二
價　　格　新竹摃丸30元（外帶一斤130元）、新竹肉圓35元（外帶一盒170元）、炒米粉35元、蛋酥魷魚肉羹 35元

牆上換上了與總統馬英九的合照，顯示它的高知名度。從民國前十年莊乞丐在城隍廟前以手推車的方式賣炒米粉至今，已經傳到第五代了，目前由才廿出頭的年輕妹妹葉詩蘋接下父親葉榮鈞的棒子。

新竹米粉外型上比一般米粉略粗，比起埔里粗米粉又稍窄。阿城號的炒米粉以五花肉和蒜泥來調配獨門滷汁，滋味不錯，招牌菜則是採用溫體豬肉，堅持純手工製作的摃丸，搭配大骨熬煮的湯頭，口感綿密、紮實。也推薦以大骨、筍絲、碎木耳、魚酥綜合而成的魷魚羹，配料豐富，令人食指大動。

鄭家魚丸燕圓

地　　址　城隍廟口內（戲台正對面）
電　　話　（03）525-8073
營業時間　AM7:00～PM10:30
價　　格　燕圓湯40元（零售每包150元）、魚丸湯40元、燕圓魚丸綜合湯40元、骨仔肉湯50元

一做就是百年，戲台正對面的鄭家魚丸燕圓早期從東門市場起家，由當時皮膚黝黑，人稱「魚丸黑」的鄭金圳每天挑著竹扁擔沿街叫賣，到第二代接棒才在城隍廟內落腳。

用新鮮海魚手工捏製成形的魚丸，與想像中包肉的福州魚丸不同，口感相當密實、好吃；燕圓則是新鮮海魚搗碎後，再加入養生紅麴及大量蔬菜捏製而成，口感比起魚丸更Q更有嚼勁。最特別的是所有的湯品都是以「青蒜」調味，香味比起加蔥花或香菜來說，更勝一籌。

西市汕頭館

地　　址　新竹市西安街70號（城隍廟旁市場巷子進去）
電　　話　（03）524-4430
營業時間　AM11:00～PM8:00
價　　格　沙茶炒牛肉麵70元、炒牛肉100元、牛肉湯70元、牛肉鍋一人份150元

若吃膩了摃丸及米粉，推薦這家給你！隱身在廟旁的小巷子內，新竹人都知道的好味道，從1949年成立至今，沙茶味道香濃得充滿整個市場。

廣東人做吃是有一套的，老闆得意的說，他們是台灣第一家，也是最地道的汕頭牛肉店。自製老牌沙茶醬是用了五十多種香料調出來的，絕對獨特又香醇。招牌沙茶牛肉麵，給的牛肉量絕不小氣，鮮嫩的肉片還一片片用手工切，不但帶著咬勁，更特選溫體牛隻，保證沒腥味。另外半筋半肉的牛肉湯，則是口感滑嫩，味道清淡，是不愛沙茶者的另一個選擇。

郭記元祖潤餅店

地　　址　城隍廟門邊
電　　話　（03）522-2285、526-0106，可電話訂購，可外送
營業時間　AM8:30～PM10:00，公休日不固定（通常是清明節及尾牙過後）
價　　格　潤餅35元

小小的店面有四、五名的工作人員忙裡忙外、長長的排隊人龍，1906年就開始在廟旁販賣的郭潤餅，又是一家百年老店。每到尾牙或清明節前，需求量增加到三倍以上，潤餅店幾乎是通宵達旦地製作潤餅。

第五代的經營者郭建志說，原本傳統的潤餅要包上魯肉及海菜，但現在無污染的海菜難尋，加上消費者注重健康概念，所以配方已經略有調整，改用蛋酥來取代魯肉，並加入了大量高麗菜及豆芽菜、菜脯和豆干等，再灑上花生粉。而好吃的秘訣在於新鮮現做，少了油膩，更加美味。

老饕必吃

庠斗粉沯

地　　址　城隍廟口內
電　　話　（03）524-1849
營業時間　AM6:00～PM3:00，每週二公休
價　　格　粉沯、60元、魯肉飯30元、筍子肉羹（清湯）30元

新竹人最推薦、都認「庠斗」的招牌，當然就是這每天限量供應的粉沯了。庠斗的粉沯吃冷不吃熱，因此上桌時，你可別誤以為老闆忘了加熱哦！

將豬瘦肉加上地瓜粉，還有獨家調味料一起灌入清洗乾淨的豬腸內，再放入水中煮熟，切片沾醬來吃。純手工精製，沒有添加防腐劑，建議買回家後要早早吃完。也推薦饕客好評的魯肉飯配筍子肉羹，入口即化的魯肉澆在白飯上，加上筍子清湯肉羹，完美的平民美食小吃，美味盡在滿嘴的芬芳中。

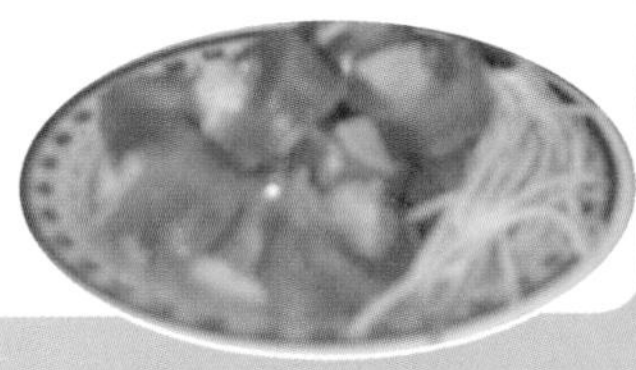

雅珍號ㄍㄜ ㄍㄜ羹

地　　址　城隍廟內，東轅門左手第二家
電　　話　（03）524-0220
營業時間　AM9:00～PM8:00
價　　格　ㄍㄜ ㄍㄜ羹35元、家庭桶200元、綜合材料包210元

ㄍㄜㄍㄜ羹其實就是加了高麗菜、魚焿、肉焿、魷魚及豬肉酥的綜合羹湯。老板民國64年在中山路上擺攤，外省老伯伯們鄉音重，總是說要「ㄍㄜㄍㄜ」的羹，期間也曾經試著更名為綜合羹，但始終都沒有ㄍㄜㄍㄜ羹來得響亮，這次終於「正名」成功。

因為加入了五花肉調味後下鍋沾粉的炸肉焿，因此口感特別鮮甜，而魚焿則是新鮮魚肉手工捏製，加上使用進口太白粉，所以湯頭格外的清澈、不糊。常見三代同堂一起來享用呢！

阿忠冰店

地　　址　新竹市東門街187號（城隍廟旁）
電　　話　（03）521-4095
營業時間　AM11:00～PM11:00
價　　格　鳳梨冰35元、綜合冰35元、招牌草莓鳳梨牛奶冰100元、招牌芒果鳳梨牛奶冰100元

創辦人憨忠（阿忠伯）在東門市場賣剉冰至今，已經有四十多個年頭了，從巷子裡的小攤到現在擁有三家分店，阿忠冰店被網友們票選為遊新竹必吃之一。

要說到傳統味，阿忠冰店的獨門鳳梨冰一定是NO.1，特選官廟鳳梨切塊不加水，煮到鳳梨自然生汁後再加入二號砂糖，接著再淋上黑糖水後的鳳梨冰，每碗都吃得到鳳梨塊的脆度，果真是真材實料，讓人直說「おいしい」。

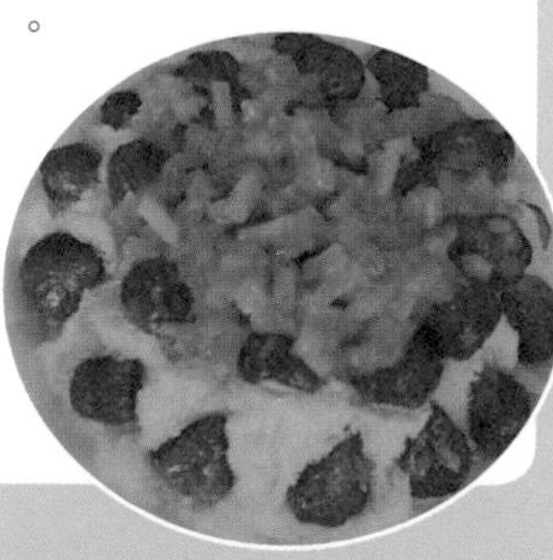

新竹黑貓包

地　　址　新竹市北門街187號
電　　話　（03）523-3560，可電話或網路訂購低溫宅配運送
營業時間　AM11:00～PM12:00，全年無休
價　　格　黑貓包25元

光是宅配的訂單，一天就要寄出二至三千個。相傳清朝皇帝的御廚漂洋過海帶來台灣的福州包手藝，後來只傳給了一位女性，由於老闆娘老得標緻，大家都稱她為「黑貓姐」，因此她賣的包子也就順理成章地稱作「黑貓包」了。

黑貓包特別之處在於完全遵循古法，和入了經過硫磺蒸薰的老麵糰的麵皮，讓包子的外皮特有嚼勁與彈性，而內餡則是經過二段手續，先將肥豬肉丁滷三個小時逼出油及香氣，接著將新鮮的黑豬肉切丁後再與滷過的肥肉一起包進餡中，生肉熟肉和在一起就是它好吃的秘訣。

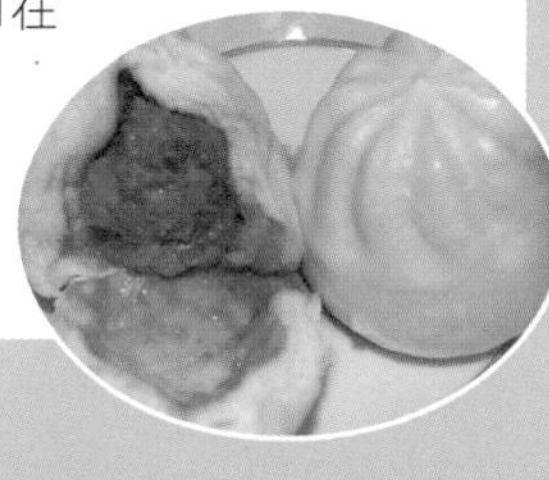

新復珍

地　　址　新竹市北門街6號（城隍廟對面）
電　　話　（03）522-2105、522-2205，可電話或網路訂購宅配送達
營業時間　AM8:00～PM10:00
價　　格　竹塹餅，小40克，一盒24個384元；竹塹餅，大80克，一盒12個360元；美祿柑一盒320元，一個20個

並列為「新竹三寶」的竹塹餅，創始人吳張煥早先是在城隍廟前賣肉粽起家，由於肉粽不耐久放，為了不要浪費材料，便運用巧思將肉粽裡的紅蔥頭、肥豬肉、冬瓜糖等餡料，用做餅的方式製作成俗稱的肉餅。由於口味特殊，奠定了新復珍百年基石。

竹塹餅最大不同處是在於一部分的餡露在餅皮外，而非完全包覆於餅皮內，特點在於外皮鬆脆、內餡柔軟，而且甜度恰當、香味濃溢，是絕佳的配茶點心。隨著健康意識的抬頭，新復珍也逐漸將原本的肥豬肉份量逐漸減少，讓口感更加清爽。也推薦以新竹柑桔為內餡，外包麻糬皮的「美祿柑」，它只在新竹的門市才買得到喔。

周邊景點

北門老街人文之旅

參拜城隍廟吃完小吃後，沿著北門街散步到已有二百多年歷史的「北門老街」，看看歷經長時期商業發展的老街所展現的多樣建築風貌——從清代的閩南式建築；日據時期樓屋式和洋式的巴洛克式建築；戰爭前後的新式樓房及當代新式高樓大廈，覽盡建築特色。

「北門老街」大致範圍即今北門街從北大路口到北門街54號的街段，這條老街曾經經歷過二次大火的侵蝕，幾乎把清代北門街傳統建築風貌燒毀。瞧見古今交錯的房舍，一股懷古思情讓人特別湧上心頭。

南寮漁港等海岸線之旅

新竹市十七公里海岸觀光帶是近幾年來新竹市政府積極推動及重新規劃的遊憩景點，包括南寮休閒舊港、看海公園、海天一線看海區、港南濱海風景區、港南運河、紅樹林公園、美山蔚藍海岸區

（風情海岸）、海山漁港（含休憩及飲食活動）、南寮漁港皮海山漁港藍色海路等景點，沿著海岸線前行，處處都是可以駐足看海觀浪的景點。

順應自行車文化的盛行，十七公里海岸觀光帶也規劃了藍色自行車道，順著港南運河前行，迎面而來的追風騎士穿梭不斷，車道中有賞景用途的三輪協力車，也有競速的好手，個個臉帶笑意，似乎告訴我們享受著陽光灑照與海風吹拂的滿足快意。

而兼具觀光與經濟價值的南寮漁港，除了可以欣賞到漁船卸漁貨的畫面，也可以大啖海鮮。一箱箱剛入

港的新鮮美味，立刻運到漁貨中心販賣區，購買好了你要的海鮮，馬上到另一邊的熱食區現煮品嚐，真實呈現了台灣的漁港風情。

青草湖、靈隱寺、十八尖山的芬多精之旅

一度列為新竹八大名勝之一的青草湖，建立1956年，位於新竹東邊，早年為聚雅客溪而成之水庫，湖面不大，但四周寺廟林立，草木蒼翠，是新竹最古老的風景區，具有觀光及灌溉多重功能。

青草湖的山光水色，曾是吸引觀光客主要賣點，奈何目前因水庫淤積、颱風破壞、上游濫建等原因，導致湖面幾近乾涸的狀態，迫使遊客止步。環湖公路經過水壩後左側有一上坡岔路（青峰路），是通往古奇峰與新竹科學園區的捷徑。湖的一旁是靈隱寺，寺內環境清幽，還保存有許多日治時代留下的石燈石柱。

幸好經濟部已經開始進行整治計畫，而面湖的「在水一方」景觀西餐廳，因坐擁地利之便，加上聘請五星級飯店名廚坐鎮而聞名，預計在未來的日子中，青草湖將再現風華。

而位於新竹市東南郊的十八尖山，則是由十八個丘陵所組成的小山，舊名稱為「虎頭山」，是日治時期為了紀念日本昭和天皇登基時所特別開闢的「森林公園」。東麓與西麓以新月形環繞著新竹許多重要的學府，故有「新竹後山」或「新竹之肺」的稱號，也由於交通方便、花木扶疏，是新竹市民經常踏青、郊遊的好地方。

路程距離

往南寮漁港

搭公車或開車，不塞車的話約30~40分鐘之內可達。

往十八尖山

搭公車或開車，不塞車的話約20分鐘之內可達。

交通方式

公車：

往南寮漁港

搭新竹客運15路公車，至舊漁港轉搭觀光公車到終站即達。

往十八尖山

1、搭新竹客運1、1甲、2、5、31路公車，在新竹商校或水源地站下車，由博愛街5巷進入。

2、搭20路新竹客運到信封山口或萬佛寺下車，從寶山路145巷進入即可到達。

自行開車：

往南寮漁港

1、新竹市區走光復路接東大路往西，就可到南寮。

2、北二高下茄林交流道下，往茄林方向接快速道路往南寮，再走濱海公路左轉接東大路。

往十八尖山

新竹交流道下接光復路往市區方向，左轉學府路、博愛街，從5巷進入即到達。

大甲 鎮瀾宮

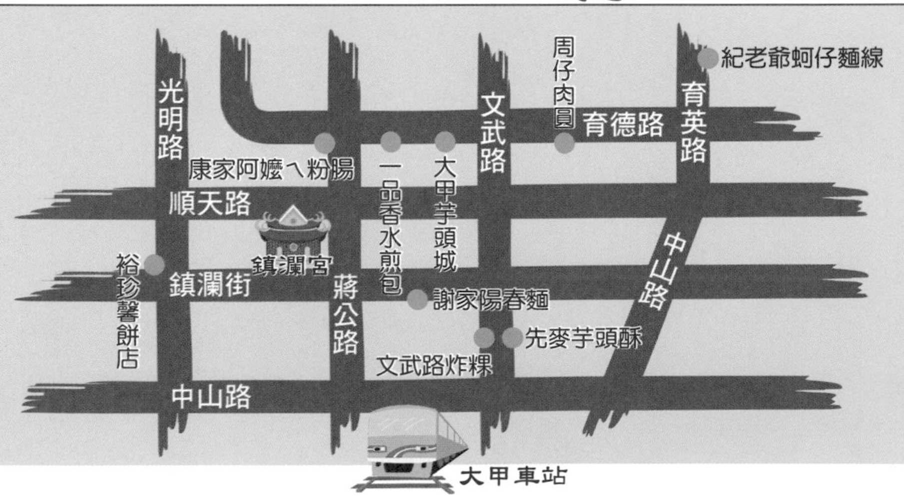

光明路
周仔肉圓
紀老爺蚵仔麵線
文武路
育德路
育英路
康家阿嬤ㄟ粉腸
一品香水煎包
大甲芋頭城
順天路
中山路
裕珍馨餅店
鎮瀾宮
鎮瀾街
蔣公路
謝家陽春麵
先麥芋頭酥
文武路炸粿
中山路
大甲車站

基本資料大公開

地　　址　台中縣大甲鎮順天路158號

電　　話　（04）2676-3522、2686-0218

開放時間　鎮瀾宮：AM3:00~PM11:0 媽祖博物館：AM9:00~PM7:00

主　　祀　媽祖

副　　祀　玉皇觀世音菩薩、南北星君、聖父母、神農大帝、文昌帝君、太歲、地藏王菩薩

祈　　求　萬事皆可求

怎 麼 拜

準備12柱香、一束金紙。祭拜順序：玉皇大帝（天公爐插三柱香）→媽祖婆（媽祖爐插三柱香）→觀音佛祖→南北星君→聖父母（觀音爐插三柱香）→神農大帝文昌帝君（神農爐插三柱香）→太歲廳→地藏王菩薩（祿位廳）→求取籤文、解籤→將金紙放置到金紙車由服務員送到金亭統一焚燒。

禁忌　無

特殊文化慶典

農曆正月份：元宵花燈展

農曆三月份：媽祖八天七夜遶境活動

文化導覽　團體導覽請事先電話聯絡

鎮瀾宮

評鑑	
文化古蹟評價	★★★
交通路線評價	★★
美味小吃評價	★★★★
伴手好禮評價	★★★★
週邊景點評價	★★

創建歷史與傳奇故事

「三月肖媽祖！」正貼切地形容了名震全台的大甲鎮瀾宮媽祖，八天七夜的遶境活動的盛況！

創建於清乾隆三十五年（西元1770年）的大甲鎮瀾宮，至今已有兩百多年的歷史，是大甲鎮最具規模的寺廟。終年香火鼎盛，它不僅是大甲五十三庄的信仰中心，信徒更遍及世界各地。

鎮瀾宮以黃色琉璃為瓦、燕尾狀為屋簷，屋脊和殿堂廊柱都刻上各種圖形，而廟頂門柱、藻井鐘樓等，更有細膩的人物圖形花紋，絢麗耀眼，看得出是許多工藝大師之作，完全展現了台灣廟宇藝術之美。

由於前來進香的信徒絡繹不絕，

二十多年來信眾還願答謝的金牌，大大小小超過上百萬面之多，廟方因此將這上百萬面的金牌鎔鑄，並花了一年的時間雕成一尊高四尺二，重達七千兩百六十兩的純金「金媽祖」。這座金身媽祖有一億二千萬元的身價，堪稱世界第一，現在則供奉在地下室的媽祖博物館，讓信徒參觀。

將商業行銷手法導入宗教活動，大甲鎮瀾宮可説是個中翹楚。每年農曆三月，媽祖繞境進香活動，總會吸引超過十萬信徒湧入這平日純樸、寧靜的小鎮。期間整個大甲鎮幾乎成為不夜城，而它也為繞行經過的中部沿海四縣市，帶來人潮及龐大商機，成為台灣宗教界每年最重要的宗教界盛事。

至於位在鎮瀾宮地下一樓的媽祖博物館，不但有身價非凡的金媽祖坐鎮，四周牆壁也以石雕方式呈現媽祖的生平事蹟。廳裡也不定期有藝術品的展覽，販賣部門的商品更是應有盡有，還有金手機吊飾呢！到鎮瀾宮拜拜，別忘了到B1逛逛哦！

重點美食與道地小吃

大甲原是務農為主的小鎮，早些年年輕人口外移嚴重，卻因近十年來大甲媽的香火，而帶來龐大的商機。而鎮瀾宮也從原來只是大甲地區五十三庄的信仰與商業中心，意外成為全台宗教文化活動的重鎮，也堪稱是「國寶」呢！

以鎮瀾宮為發展中心的聚落，與一般典型的台灣廟口文化相仿——都是從小吃開始站穩腳步的。香客多了，攤販也就多了，交易相對就熱絡了，而百年來的美食攤商也就在大甲媽的庇佑下依附生存，發展出獨特的小吃文化。

沿著鎮瀾宮為中心向外恣意漫行，順天路向南北兩側發展，再朝文武路、光明路向東西延伸，大甲的菁華地區及重點美食，幾乎都在大甲媽展開的懷抱中。

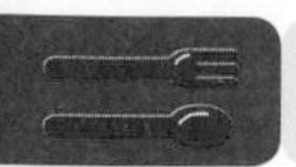

周仔肉圓

地　　址　台中縣大甲鎮育德街200號
電　　話　（04）2676-3678
營業時間　AM10:30～PM10:30，不定期公休
價　　格　肉圓25元、豆腐肉湯20元、苦瓜肉湯20元

從順天路騎樓下的小攤位開始，人稱「肉圓樹仔」的周樹從台灣光復後第二年開始挑著擔賣肉圓，至今已經快一甲子，「周仔肉圓」仍是許多老大甲人成長記憶中的美味。

與一般添加蕃薯粉的肉圓不同，周家肉圓第二代「老頭家」周忠雄表示，周家的肉圓在皮餡中加入了米漿，吃起來比較Q，也堅持使用鮮肉，再加上白、黑、紅獨門三色調味醬，就是好吃的秘訣，當然，搭配豆腐肉湯及苦瓜肉湯也格外對味。

謝家陽春麵

地　　址　台中縣大甲鎮瀾街216號
電　　話　（04）2686-5946
營業時間　AM8:00～PM4:30，不定期公休
價　　格　陽春麵大40元、小30元；牛肉麵大80元、小70元

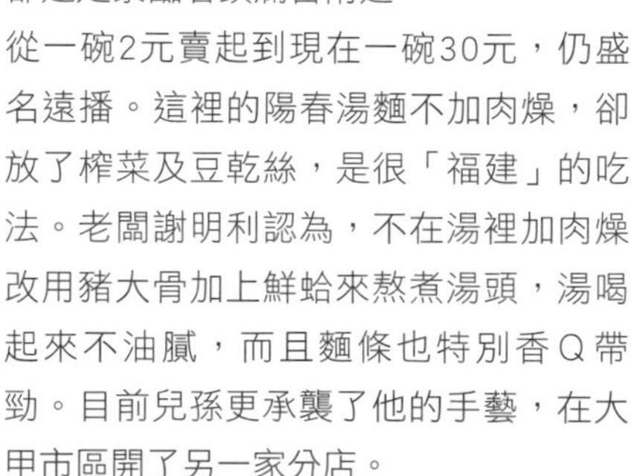

許多外地遊子回到大甲來，還是習慣先來吃一碗陽春麵再回家。40年前在蔣公路開店至今，雖已換了四處位置，但都還是緊臨著鎮瀾宮附近。

從一碗2元賣起到現在一碗30元，仍盛名遠播。這裡的陽春湯麵不加肉燥，卻放了榨菜及豆乾絲，是很「福建」的吃法。老闆謝明利認為，不在湯裡加肉燥改用豬大骨加上鮮蛤來熬煮湯頭，湯喝起來不油膩，而且麵條也特別香Q帶勁。目前兒孫更承襲了他的手藝，在大甲市區開了另一家分店。

文武路炸粿

地　　址　台中縣大甲鎮文武路37號
電　　話　（04）2688-2369
營業時間　AM8:30～PM5:00，不定期公休
價　　格　茄子餡肉、肉粿、蚵仔均粿25元、米糕、菜頭粿均15元

沒有招牌，一做就超過一百年，第五代的老闆王元吉說，他的祖先一百多年前從福建來台定居在大甲，就在鎮瀾宮附近擺攤賣炸粿，香客一傳十、十傳百，建立了炸粿攤的口碑。

除了傳統的蘿蔔糕炸、肉炸及蚵仔炸外，也自創出茄子餡肉炸、炸米糕等，味道獨特。尤其是茄子餡肉炸得軟綿，外皮卻還相當金黃酥脆，特別好吃。而老闆還貼心地準備濃茶給顧客喝，喝茶配炸粿，即使在小小的店裡，也格外有閒情雅緻。

紀老爺蚵仔麵線

地　　址　台中縣大甲鎮育英路110號
電　　話　（04）2686-5877
營業時間　AM06:00～PM13:30，不定期公休
價　　格　蚵仔麵線大45元、小35元；筒仔米糕30元；餛飩湯30元；鯊魚煙、魚皮50元；處女蛋10元

原本經營洗車業的紀瑞益及吳秋香，對烹飪有興趣，便一起拜師學藝並考上中餐烹調執照，經營起這家店面已十多年。

紀老爺的蚵仔麵線選的是東港蚵仔和洗得非常乾淨的小腸。老闆娘吳秋香說自己是個挑剔的人，必須每天親自到市場挑選各式食材，連油蔥、辣椒等調味料也是自己調製。而皮Q肉多的餛飩、來自基隆的鯊魚煙、當天現宰的鵝血粿和小小一顆的處女蛋，也都是店內熱門的人氣商品。

康家阿嬤ㄟ粉腸

地　　址　台中縣大甲鎮蔣公路與育德路口（鄰近大甲鎮瀾宮）
電　　話　0910597631
營業時間　平日PM3:00～PM11:30、假日AM11:00～PM11:30賣完為止，一個月休一天
價　　格　粉腸小50元、大100元

一般的粉腸都是冷食，直接切片沾醬吃，但廟前的康家阿嬤小攤，老闆一次天冷時，自己用炸香腸的熱油加熱粉腸，卻意外吃出好滋味，成了獨門的特色。

康家阿媽ㄟ自製的粉腸與香腸在每天清晨五點開始以手工製作，等腸肉結凍後才能販售。下午攤子推出後，整條育德路就瀰漫著炸粉腸的香味，讓人口水直流。而將炸完香腸後將留有肉香的油拿來煎粉腸，就是好吃的秘訣，喜歡吃辣者絕對不要錯過康家自製的辣醬，保證你吃完會意猶未盡。

一品香水煎包

地　　址　台中縣大甲鎮育德路58號
電　　話　（04）2688-4998
營業時間　AM5:00～AM10:30；PM2:00～PM6:30，不定期公休
價　　格　水煎包8元、韮菜包15元、豬肉餡餅15元

「因為喜歡吃水煎包所以乾脆自己開一間。」老闆黃宜聰開店的理由很簡單，從早到晚，每天要賣掉超過千個水煎包。

堅持選用當季食材，所以每到夏季，內餡使用的是大甲地區盛產的瓠瓜，而冬天則是高麗菜。爽口的瓠仔絲搭配胡蘿蔔、青蔥、醃漬過的豬肉，同時再加一點點冬粉，有股說不出的對味。除了水煎包外，下午也增加豬肉餡餅及韭菜包，由於當季蔬菜的青翠及鮮甜，就算不加調味醬，也能吃出原味的感動。

大甲芋仔城

地　　址　台中縣大甲鎮育德路69號
電　　話　（04）2680-0330
營業時間　AM9:00～PM6:00，不定期公休
價　　格　芋圓綜合35元、芋球紅豆冰35元、冷凍芋35元、芋頭冰淇淋30元

拜大甲溪及大安溪水源之賜，大甲的檳榔心芋頭口感特別鬆軟，但早期前來大甲想吃在地的芋頭甜品卻相當難尋。原本學電腦的郭敬學因緣際會與農會接觸後，毅然轉行決定回家鄉自行創業，研發芋頭食品，並在鎮瀾宮旁的育德路與蔣公路口開設了「大甲芋頭城」。

從芋圓、西米露、芋仔冰、冰淇淋、米粉芋等，所有與芋頭扯得上關係的，吃起來都相當美味實在。夏天造訪可來碗芋圓綜合剉冰或冷凍芋，冬季則不能錯過在地的米粉芋。

先麥芋頭酥

地　　址　台中縣大甲鎮文武路38號
電　　話　（04）2688-3677，團體欲參觀糕餅館請於一週前預約
營業時間　AM8:30～PM10:00；阿聰師糕餅館AM9:00～PM4:00（週一至週六）
價　　格　紫芋酥，12入360元、台灣愛餅，8入280元、先麥芋頭酥餅，4入100元

糕餅業起家的老頭家阿聰師民國87年看到大甲芋頭產量過剩讓農民傷腦筋，便靈機一動將芋頭當成糕餅原料，並依著檳榔心芋頭的外觀揉成芋頭酥的外型，開啟了先麥的紫色傳奇，也帶動了大甲鎮的芋頭產業。

2004年芋頭酥被指定為國宴點心，而有著台灣島外形的「台灣愛餅」，由於內餡一半芋頭、一半蕃薯，有著族群融合的用心，2007年更獲選為長榮航空指定頭等艙點心。而先麥食品也將大甲工廠改為「阿聰師糕餅館」，展出芋頭生態解說、大甲芋頭產業史、芋頭酥糕餅DIY等多項以芋頭為主題的產業文化。

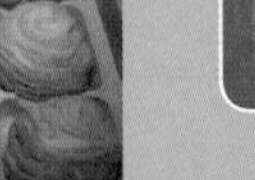

裕珍馨餅店

地　　址　台中縣大甲鎮光明路67號
電　　話　（04）2687-2559
營業時間　AM8:30～PM22:00；三寶文化館 AM9:00～PM5:00
價　　格　大甲奶油酥餅、養生酥餅（添加黑芝麻與胚芽）、活力纖酥餅（烏梅口味）100元；奶油小酥餅，6入裝120元；12入裝240元

民國55年32歲的陳基振在媽祖靈籤與連六次聖杯指示下，投入陌生的糕餅業，並於媽祖廟邊巷內不到20坪的店面內，廠店家合一的成立了「裕珍馨餅店」。

經歷過三天只賣掉半條土司的慘淡歲月，為了服務吃素的進香客，便將訂婚用的酥餅改良為素食的奶油酥餅，一炮而紅。民國77年鎮瀾宮建醮，「裕珍馨奶油酥餅」口碑隨香客流傳全省，還與「鎮瀾宮」及「大甲帽蓆」並稱「大甲三寶」。

旗艦店騎樓下石柱上刻著的「秤頭就是路頭」及「天公疼憨人」，是老頭家勉勵員工的座右銘，而二樓設置大甲三寶文化館，希望為地方文化的傳承盡一份心力。

周邊景點

路程距離 從鎮瀾宮到「匠師的故鄉」，開車大約二十五分鐘。
到日南火車站，從大甲市區出發，約十至十五分鐘車程。

交通方式

海線火車：

大甲火車站一天有廿四班前往日南火車站的普通車，班次不多，需留意列車時間。

客運：搭乘苗栗客運（苑裡—大甲）在建興站下車即達「匠師的故鄉」。

自行開車：

「匠師的故鄉」：

1、大甲文武路，往西→大安港路，往西→西濱快速道路往北至133公里處，即可到達。

2、國道1號豐原系統交流道，轉西行→國道4號，接西行 →台17線，轉北上→台61線→西濱快速道路133公里處南下，即可到園區入口。

3、國道3號苑裡交流道，轉西行→甲130，轉南下→台61線，走外側慢車道→西濱快速道路133公里處南下園區入口，即可到園區入口。

日南火車站：

走大甲外環道路，過大安溪橋右轉，第一個路口左轉直行，在右側即達。

金媽祖、貞潔媽祈福之旅

位於省道台一線旁的大甲鎮，在中二高通車後，對外交通更為便捷。結束了大甲鎮瀾宮的祈福行程後，記得要順道參觀媽祖博物館中價值上億的金媽祖。沿著蔣公路走，二分鐘即可以到達國家三級古蹟貞節牌坊，貞節牌坊表彰的是大安鄉中庄人林春娘，她小時候因為家貧送給大甲三腳街口余家當童養媳，十二歲那年，丈夫余榮長（十七歲）經商不幸溺斃，林春娘雖未成婚，卻不再嫁並孝順婆婆而名揚鄉里。道光廿八年奉御賜立聖旨碑，為大甲三神之一（媽祖、鄭成功及貞節媽），後來因祠堂殘破，目前神像暫祀鎮瀾宮。

兒時純樸農村之行

沿著台一線向北、再往西走西濱快速道，則可到「匠師的故鄉」體驗兒時樂趣。這裡是農委會及台中縣政府輔導的一鄉一休閒農漁業園區，由農會多個產銷班組成，保有過去農業及農村的自然田園景觀和純樸的民情，還能享受到自然的泥土與充足的陽光。夏日正值向

日葵盛開時，放眼望去一整片向日葵花海，更令人覺得心曠神怡。這裡雖然沒有一般遊樂園的豪華造景，但卻真實呈現出台灣味與純樸農家的兒時人文風情。

鐵道尋訪、古蹟之旅

如果你是鐵道迷，則千萬不要錯過隱身在樹林中的日南火車站，日式木造站房的古蹟車站，還留有令人懷念的舊式售票窗口。車站外的巷道內還可見到日治時代「市區改正」時所留下的磚造建築及舊式街屋。

一天只停靠廿四班通勤車的日南車站，平時人煙稀少，雖已降級為簡易車站，由大甲火車站接管，但仍具有濃厚的歷史及人文情懷。由於隨時可能遭到廢站的命運，所以更值得一遊。

鹿港 天后宮

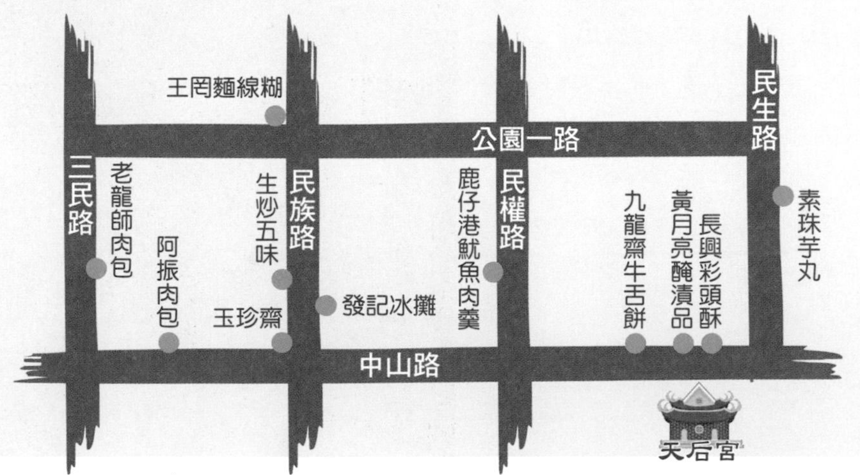
王罔麵線糊
公園一路
民生路
三民路
老龍師肉包
阿振肉包
生炒五味
民族路
玉珍齋
發記冰攤
鹿仔港魷魚肉羹
民權路
九龍齋牛舌餅
黃月亮醃漬品
長興彩頭酥
素珠芋丸
中山路
天后宮

基本資料大公開

地　　址 彰化縣鹿港鎮中山路430號

電　　話 （04）777-9899

開放時間 AM6:00～PM10:00

主　　祀 湄州開基媽祖之二媽

副　　祀 境主公、註生娘娘、玉皇大帝、太歲星君、三官大帝、觀音菩薩、神農大帝、女媧娘娘、水僊尊王、月下老人

祈　　求 任何事皆可求

怎麼拜

五個香爐，每爐三柱香，共點十五柱香。祭拜順序（室外不插香）：正殿湄州媽祖→正殿桌下虎爺公→後殿一樓太歲星君→後殿二樓玉皇大帝→後殿二樓文昌帝君。

禁　　忌 家有喪事者不宜入廟

特殊文化慶典

農曆三月廿三日，媽祖聖誕

農曆九月九日，媽神成神飛升

文化導覽

團體請「洽鹿仔港文史工作室」地址：鹿港鎮菜園里和平巷65號。電話：04-7773278、0912973278

天后宮

評鑑

文化古蹟評價	★★★★★
交通路線評價	★★
美味小吃評價	★★★★
伴手好禮評價	★★★★
週邊景點評價	★★★

創建歷史與傳奇故事

創建於明末清初（民國前321年）的鹿港天后宮，因供奉有清康熙二十二年隨著施琅將軍來台平反時護軍渡海，全台唯一的湄海開基媽祖，於是成為了真正的開台媽祖廟。數百年間，香火鼎盛，信徒絡繹不絕，由該宮分靈的廟宇遍布全台，達一千餘座之多，為台灣一般寺廟所罕見。

年代久遠，加上建築結構富麗堂皇，古色古香，雕樑畫棟獨具匠心，彩繪及木石雕刻，皆為一時之選，故有工藝殿堂之稱，並列入國家級三級古蹟保存。走入鹿港天后宮廟埕開始，映入眼簾的都是歷史玫寶，廟內保存有雍正皇帝御賜的「神昭海表」匾、乾隆皇帝的「佑濟昭靈」

匾、光緒皇帝「與天同功」，而施琅將軍的「撫我則后」匾，至今也仍高掛在正殿中。

除了具有歷史價值外，鹿港天后港也是台灣文化的重要資產，昭和二年（民國十六年），由鹿港鄉紳共同發起下，這個清代建築重新整修，聘來當時唐山包括潮洲、泉洲、溫洲和浙江等地的一流名匠，並加入了鹿港本地的木雕師李煥、李松林、施禮與彩繪師郭新林等匠師，呈現了巧奪天工的木石雕刻及彩繪技巧，增添了天后宮的價值與文化資產地位；不用一支釘子的藻井，令人讚嘆當時榫接技術之精巧。

由於大陸湄洲媽祖祖廟在文化大革命期間已遭毀壞，因此現留存於鹿港天后宮的祖廟贈與的大靈符、聖母寶璽、明朝宣德年製的進香爐、民初雕製的精緻鳳輦、全副儀仗等，以及最重要的湄洲祖廟開基二媽神像，都更具有學術及觀光價值。在兩岸開放觀光後，成為大陸觀光客了解華人媽祖文化的重要史料及文物據點。

開發極早的鹿港因河道淤塞而沒落，現在看來卻慶幸未遭現代化開發的破

壞，才得以保存完整的古蹟文化、民俗文物和手工藝品。從龍邊進入正殿，桌案上擺滿各式祭拜的金紙和供品。一群又一群遠道而來的信徒，未因人潮眾多而破壞了肅穆的虔敬美感。看著香爐前煙霧裊裊，信徒們持香或雙手合十的誠心，透露出屬於鹿港獨有的媽祖信仰文化。

重點美食與道地小吃

鹿港人有句諺語，「富過三代，方知飲食」，説明了鹿港美食聞名的原因。由於鹿港鎮開發極早，曾位居台灣第二大繁華的城鎮，在全盛之初因唐山往來頻繁的船舶及商賈，造就了許多酒館茶樓。從天后宮走出來，沿著最熱鬧的中山路一路直行到南部的龍山寺，老街上到處都是極具特色的老宅及美食，尤其是獨豎一格的各式糕點、牛舌餅、豬油荖類，都讓遊客們看得目不暇給。

老龍師肉包

地　　址　總店：彰化縣鹿港鎮三民路78號
　　　　　分店：彰化縣鹿港鎮中山路31號
電　　話　（04）777-7402，可電話低溫宅配運送
營業時間　AM8:00～PM8:00
價　　格　肉包18元、饅頭8元、蔥酥鹹蛋糕一兩7元

被喻為鹿港在地人最愛的老龍師肉包，雖然只有幾十年的歷史，卻聲名大噪，還成為2002年國宴指定茶點。

正值壯年的施老闆與一群年輕師傅現場熟練地手做肉包，以精選大腿瘦肉搭配香菇，加上堅持使用傳統大蒸籠，剛出爐的綿密麵皮和著內餡湯汁，不油膩的口感讓人齒頰留香。而店內秤斤兩賣的鹹蛋糕也是大力推薦的，將油蔥酥灑在蛋糕上的半甜鹹的味道，讓你想吃多少就買多少，不用擔心吃不完。

阿振肉包（振味香）

地　　址　彰化縣鹿港鎮中山路71號
電　　話　（04）777-2754，可電話低溫宅配運送
營業時間　AM9:00～PM6:00，假日AM8:00～PM7:00
價　　格　肉包150元（10個）、花捲60元（4個）、饅頭 70元（10個）、鹹蛋糕50元

阿振肉包在鹿港是鼎鼎有名的百年老字號，目前已經傳到了第八代。每到假日，阿振肉包前的騎樓總是擠得水洩不通，還得勞動員警來指揮交通。

每15分鐘出爐300個，這裡永遠有最新鮮的肉包可以吃。而店家最近還推出新的韮菜包子，因為每日製作的數量不多，讓許多「巷仔內」的美食家不惜久候，就為等著那剛出爐第一口咬下的青翠鮮嫩滋味。還有，物價高漲，阿振肉包卻堅持不漲，一樣以一個15元的價格滿足老饕的胃。

黃月亮醃漬品

地　　址　彰化縣鹿港鎮天后宮前
電　　話　(04)777-7193，電話宅配低溫運送
營業時間　AM9:30～PM6:00
價　　格　蝦猴醬（有蛋）150元、蝦猴醬（無蛋）100元、辣味蝦猴200元

早年鹿港的窮苦人家把多餘的蚵仔、蝦猴等海鮮類以鹽漬保存，「窮之寶」便成為餐桌上之小菜，甚至還有「一隻蝦猴配三碗粥」的諺語流傳。蝦猴學名「蝦蛄」，頭部像螻蛄，尾部像蝦，但近幾年來沿海污染嚴重，天后宮前販賣新鮮蝦猴的攤販愈來愈少。

也是運用鹽漬方式來保存鹿港古早味的黃月亮攤車，光是蝦猴醬就分為有蛋、沒蛋及辣味三種口味。當然，配合現代人的健康概念，醃漬的鹽味已經大幅減淡，是許多鹿港子弟出外打拼時行囊中必帶的思鄉珍品。

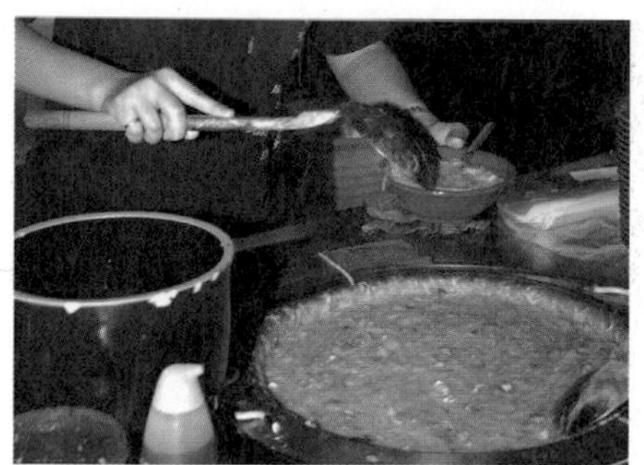

王罔麵線糊

地　　址　彰化縣鹿港鎮公園一路26號（公園一路與民族路口）
電　　話　0931-629960
營業時間　AM5:30～PM6:30
價　　格　麵線糊25元

在地人推薦的王罔麵線糊已經傳到了第三代，店面離天后宮及主要道路雖有一小段距離，卻仍然高朋滿座。王志弘兄弟倆接下父執輩的生意後，早晚班輪流經營，生意最好時，曾經一天賣到50鍋之多。

顏色偏白，加入了豬肉、雞蛋、蝦米的麵線糊，少了一般大腸肉臟特有的腥味，卻多了純麵線的香味。來訪當天恰巧遇到影視圈大亨經紀人許安進，他一邊聽著行動電話，還不斷把麵線糊放進嘴裡，店家透露他是常客，有時一週來吃個幾回也不稀奇。

老饕必吃

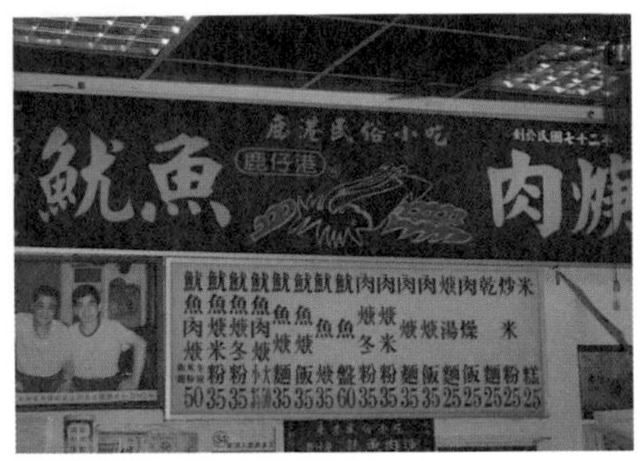

鹿仔魷魚肉焿

地　　址　彰化縣鹿港鎮民權路243號
電　　話　（04）776-0556
營業時間　AM06：30～PM21：00
價　　格　魷魚肉羹大50元、小35元；魷魚盤60元；炒米粉25元

創立於民國72年，即使在下午三點的點心時間，客人也沒有間斷過，常可見在地人兩代或三代一起來用餐，甚至有日本留學生將這味蕾無法形容的美味帶回日本傳揚，引起大批日本觀光客按圖索驥。

選用體型最大的阿根廷魷魚，而第二主打「肉焿」則採用溫體後腿肉與新鮮魚漿製成，加上奮起湖脆筍絲、木耳、煮成的羹湯，不加醋之前的湯汁非常清甜，有著濃濃的傳統味。另外，來這裡一定不能少的是最後擺到羹湯上的招牌炸肉酥，油條似的酥脆口感，會讓人忍不住一口接一口。

生炒五味

地　　址　彰化縣鹿港鎮民族路171號
電　　話　（04）777-0042
營業時間　AM9:00～PM7:30
價　　格　生炒五味30元、排骨飯40元、不老蛋10元

位於歷史悠久的昭和餅舖旁邊，在地人強力推薦。以花枝、魷魚、肉羹、蝦仁、香菇，夏天加入竹山竹筍，冬天則用高麗菜，混煮而成的五味羹，用料實在，看得出老闆滿滿的誠意。

老闆陳世明婚後回故鄉鹿港創業，一做就是30年。生炒五味每一鍋都是蒜頭爆香後「現炒」加上勾芡成羹後「現賣」，而上門的顧客更很有默契的點上一碗生炒五味加上一碗醃過後炸、再長時間的燉煮的排骨飯。這樣最「夯」的吃法不到100元，真是一間「與通膨現象背道而馳」的誠意店家。

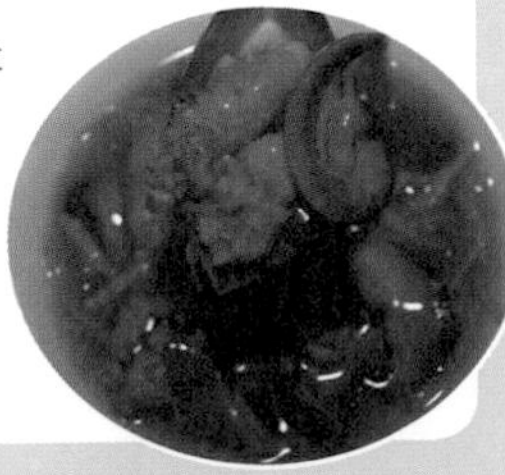

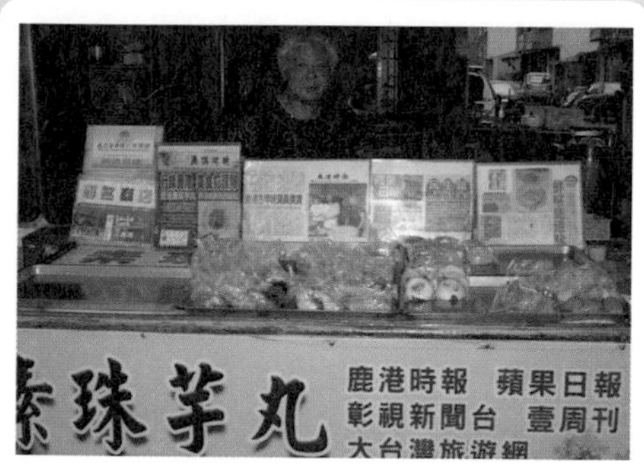

素珠芋丸

地　　址　彰化縣鹿港鎮民生路68號
電　　話　（04）775-2212，有宅配服務
營業時間　AM7:00～PM6:00
價　　格　芋丸20元、草粿仔10元、素食蘿蔔絲草粿仔10元

「你是素珠嗎？」看著攤位上的照片問，「我是！」素珠阿姨露出洋溢的笑容。無論是芋丸、芋粿、筍包或是粿粽等，全都是手工捏製，也因為如此，才能融入更深的情感。

一口咬下厚實的餡料，芋丸裡包裹的是精選腿肉，素珠阿姨也傳授了芋丸三吃的秘訣，除了最正常的蒸熱食用外，將大骨或文蛤熬湯後，再把芋丸放入熱湯中，就能成為好吃的芋丸湯；而老饕都知道，將Q嫩的芋丸用油炸酥，沾上醬料或胡椒鹽也是超讚的享受。

發記冰攤

地　　址　彰化縣鹿港鎮民族路第一市場口
電　　話　（04）777-1323
營業時間　AM6:00～PM6:00，因季節因素，每年從三月賣到十一月
價　　格　米苔目25元、粉條冰25元、愛玉冰25元

攤位上滿滿都是傳統口味的米苔目、粉條、粉粿、仙草和愛玉等，不禁令人進入懷古的情境。已有50年歷史的發記，上了年紀的剉冰機依然忙碌地將冰磚刨成一碗又碗的剉冰，淋上濃醇的糖水，最後再加上獨門的鳳梨醬，滿足的感覺簡直要破表。

老闆表示，黃澄澄的粉粿是地瓜粉加上天然元素製成，絕不添加人工色素。為了提味，糖水可得凌晨三、四點就起來熬煮，而鳳梨糖醬更是精挑官廟鳳梨新鮮現熬，是相當道地的古早味。

九龍齋牛舌餅

地　　址　彰化縣鹿港鎮中山路419號
電　　話　（04）777-7790，可電話訂購宅配運送
營業時間　AM9:00～PM10:00
價　　格　牛舌餅一包80元；烏魚子一斤1600元

想感受現場製作的臨場感，來鹿港就對了。看著李老闆與妻子兩人認真烘烤的態度，再咬一口剛出爐的牛舌餅，讓人有幸福的感覺。

外皮酥脆、內餡柔潤，好吃的祕訣除了手桿麵皮及火候控制的功力外，還有加了麥芽糖蜜的內餡。有別於宜蘭牛舌餅的薄脆，厚實是鹿港牛舌餅獨霸一方的秘訣。

除了牛舌餅外，店裡也賣烏魚子。鹿港冬天常可見到曬烏魚子的場景，更有「要吃烏魚子就不穿褲子」的諺語，說明了「烏金」的珍貴，此外九龍齋的烏魚子還曾是2002年國宴上的珍品呢！

長興彩頭酥

地　　址　彰化縣鹿港鎮中山路431號
電　　話　(04)778-2993，可電話訂購宅配運送
營業時間　PAM8:00～10:00
價　　格　彩頭酥15個240元、綜合禮盒240元、鳳眼糕100元、麵茶100元

從天后宮走出來，四週的巷道處處可見各式糕點及現烤牛舌餅，然而鹿港在地朋友點名說非吃不可的是長興食品的彩頭酥。

彩頭酥亦有龍眼酥或龍睛酥之稱。層層酥皮下包裹著飽滿的內餡，咬下一口保證立即愛上那滿滿的，先經糖蜜釀過再混入綠豆餡的蘿蔔內餡。甜甜鹹鹹，吃完後口齒留香。

現年70歲的「老頭家」黃再興不斷地推薦各式的糕餅，堅持絕對是自己工廠製作，品質保證和大量批發的產品不同。

玉珍齋

地　　址　彰化縣鹿港鎮民族路168號
電　　話　（04）777-3672，可用網路、傳真及電話訂購（04）2238-5356
營業時間　AM 09:00～PM 10:00
價　　格　綠豆糕130元、豬油粩120元、杏仁粩180元、口酥餅130元、遊奕糕300元、晶鑽禮盒（鳳梨酥、綠豆糕、桂圓糕－桃園機場專賣）480元

清光緒三年（西元1877年）鹿港文風鼎盛，富甲一方的商人黃錦為了顯出獨特的風雅品味，從泉州請來手藝精良的糕餅師傅製作各式美味的茶食糕點。由於口感細緻、味道精美，備受讚譽，便聽從朋友建議開一家糕餅舖，於是玉珍齋就開始了歷史的製餅生涯。

店內招牌有綠豆糕、豬油粩、口酥餅、鳳眼糕酥等。而為了讓糕餅更有台灣味，今年還推出了「遊奕糕」，特製象棋圖案的綠豆糕與牛奶糕搭配紙棋盤紙，很有舊時文人雅士品茗悠遊於琴棋書畫的意境，禮盒還很貼心地附上冷泡茶包，誠意十足。第五代傳人黃一彬自豪的說，玉珍齋有著家族不外傳的祕方，口味獨具，別人無法模仿。

周邊景點

鹿港小鎮尋幽

甕牆、窗花、摸乳巷、辜家老宅、龍山寺

日式及閩式混合的舊屋建築，紅磚、洋樓、民俗藝品，創造出鹿港獨有的懷舊景象。台灣不乏以「老街造街」聞名的鄉鎮，但卻沒有一處跟鹿港一樣把老街融入日常生活中。

鹿港是過去曾經是商業聚集的港口，今日的鹿港小鎮因泥沙淤積，昔日風華已不復見，但過去遺留下來的古蹟、古廟，以及傳統小吃和民俗工藝，卻打造出了鹿港獨有的觀光賣相。穿梭在瑤林巷、後車巷、九曲巷等保存區，均可看見鹿港人保留下來的古厝場景，甚至還可看見到舊式的人力抽水機。

如果嫌體力無法配合，也可以乘著人力車，隨著車伕的速度溜覽鹿港這古味城鎮。逛進了巷院，不妨在鹿港丁家古厝稍事停留，這個已有一百多年歷史的進士宅第，保存著鹿港地區最完整的長條型街屋，「三坎三進二院」的建築結構，深達77尺，站在古厝外向內望，有著「庭院深深」的大戶幽情。

再走幾步路，臨近的甕牆則訴説著早年的鹿港，因與大陸商務往來頻繁，回程時以大陸杉木、磚石及紹興酒甕來壓艙，以求航程平穩的過往——生活的富足，反映在多到可以砌牆的酒甕上。而現在留在中山路和興派出所旁的巷道中的甕牆，則是當時的巨商顏東義建於道光年間宅第圍牆的一部份，光緒三十一年大地震後整建，甕牆被留下至今。

至於辜顯榮家族的故居，也是許多遊客必到之處，馬賽式屋頂、羅馬圓頂、英國維多利亞風格融合於傳統的建築中，有種巴洛克風格的歐式情懷。民國六十二年，辜家捐出成立鹿港民俗文物館，廣蒐清朝中葉至民國初期文獻圖片、服裝配飾、戲曲樂器、宗教禮俗等相關物品六千餘件，供民眾參觀。

在台灣廟宇一片金碧輝煌的華麗風潮中，龍山寺仍維持簡約的樸實面貌，

實在是不可多得。佔地一千六百多坪的鹿港龍山寺，建築宏偉，共有九十九個門，有戲台、拜亭、正殿及後殿，配有左右廳房，與泉州古剎開元寺的建築格局相仿。乾隆五十一年遷建於現址後，歷經了戰亂、火災、地震等，都沒有折損其三百年的風華。當年從唐山運來的泉州花崗石，經過歲月的洗鍊，仍在一隅靜靜地展現其專屬的靜謐質感。

王功生態之旅

海產、潮間帶、夕照

週休二日的假期，如果時間允許，離開鹿港之後，翌日還可以來一趟王功漁港之旅。在這裡享用午餐，可品嘗到當地的特色風味餐——蚵仔炸、炒蚵螺、蛤蜊湯、炒蘆筍、蚵仔披薩，堆積滿山的現剝蚵殼完全展現了饕客的戰果。

接下來可以前往王功漁港外圍景觀巡禮（芳苑燈塔、王者之弓、生態景觀橋、紅樹林），或搭乘王功最具特色的採蚵車參觀蚵田路線及體驗潮間帶生態。走下淺灘，聽解說員教你如何在潮間帶抓螃蟹、摸貝類、生吃牡蠣等，然後在徐徐海風的陪隨下，欣賞彰化八景之一的王功夕照，浴沐在點點晚霞及浪漫的漁火中。

路程距離

1、鹿港市區內可搭乘觀光人力車。

2、王功漁港從鹿港開車約20至30分鐘可抵達。

交通方式

搭車：

往鹿港

1、搭高鐵至台中站，轉乘彰化客運至鹿港。

2、由台北搭往鹿港的國光客運或統聯客運，即可抵達鹿港天后宮。

3、由台中、彰化搭往鹿港的彰化客運，即可抵達鹿港天后宮。

往王功

1、搭台鐵火車至員林火車站，轉乘員林客運至王功。

2、搭台鐵火車至彰化火車站，轉乘彰化客運至鹿港，再轉乘員林客運至王功。

自行開車：

往鹿港

1、國道一號（北上）：由埔鹽交流道→走東西向快速道路→即可到達鹿港市區。

2、國道一號（南下）：由彰化交流道下→轉142縣道→接17號省道→往鹿港方向直行→即可到達鹿港市區。

3、省道（北上）：彰化→轉19號省道→轉142省道→接17號省道→往鹿港方向直行→即可到達鹿港市區。

4、省道（南下）：由大甲鎮→接17號省道→往鹿港方向直行→即可到達鹿港市區。

往王功

1、國道一號（南下）→彰化交流道往鹿港方向→左轉台17線→直達王功。

2、國道一號（北上）→北斗交流道往芳苑方向→經縣道150到芳苑→右轉台17線北上直達王功。

3、國道三號→彰化系統交流道→接國道一號→北斗交流道往芳苑方向→縣道150到芳苑→右轉台17線北上直達王功。

北港 朝天宮

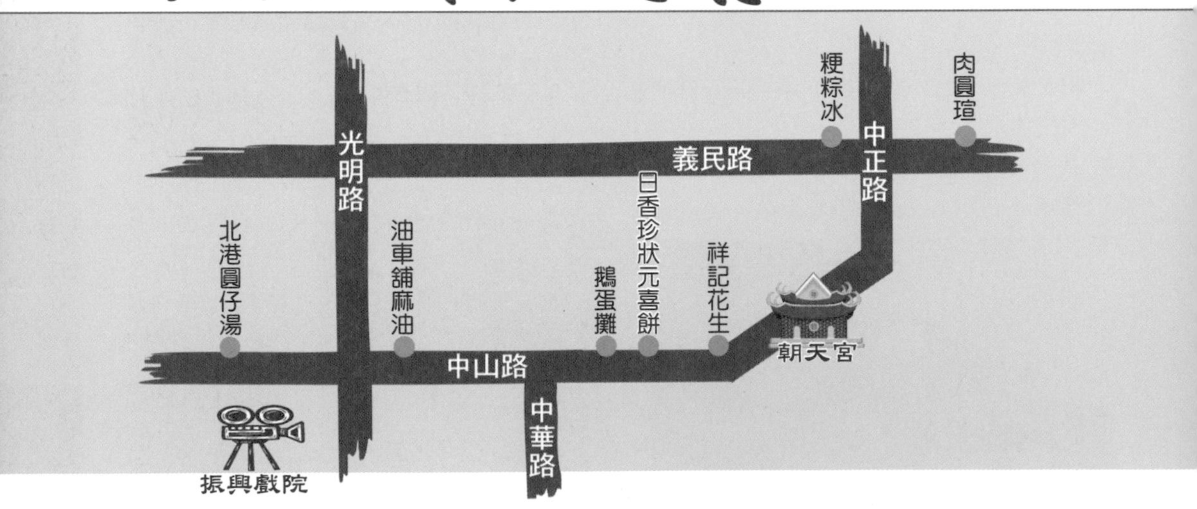
粳粽冰
肉圓瑄
光明路
義民路
中正路
日香珍狀元喜餅
北港圓仔湯
油車舖麻油
鵝蛋攤
祥記花生
朝天宮
中山路
中華路
振興戲院

基本資料大公開

地　　址　雲林縣北港鎮中山路178號

電　　話　（05）783-2055

開放時間　AM4:30～PM12:00，農曆初一、十五提早半小時開廟門

主　　祀　媽祖

副　　祀　觀世音菩薩、聖父母、三官大帝、五文昌、註生娘娘、福德正神

祈　　求　媽祖燈：求平安。三官大帝：安太歲。五文昌神：求功名。福德正神：求財運。註生娘娘：求姻緣、求子嗣。觀音佛祖：求平安。

怎麼拜

共七個爐，點十柱香，除正殿插三柱香外，各爐均插一柱香。依順參拜：正殿媽祖→觀音佛祖殿→三官殿→聖父母殿→文昌殿→福德正神殿→註生娘娘殿。

禁　　忌　百無禁忌，也沒有一般廟宇坐月子未滿月或喪事未滿百日不得入廟的禁忌。

特殊文化慶典

農曆三月十九日、三月廿日：迎媽祖進行遶境，藝陣、文武陣頭踩街、炮火秀藝閣遊行表演，日夜不絕。

農曆八月「丁」日：五文昌夫子秋祭。

每逢初一、十五清晨四點半及下午四點半：朝天宮遵循鼓禮進行晨鐘暮鼓，晨鐘是以十八快、十八慢的節奏，敲共108下鐘聲後，引奏長達24分鐘3000下的三通鼓，暮鼓則程序相反，由三通鼓引108下鐘聲。

文化導覽　可電洽朝天宮或雲林鎮公所

朝天宮

評鑑

文化古蹟評價	★★★★
交通路線評價	★
美味小吃評價	★★★
伴手好禮評價	★★★★
週邊景點評價	★★

創建歷史與傳奇故事

「頂港有名聲、下港最出名」的北港朝天宮終年香火鼎盛，舊稱天妃廟或天后宮，為了紀念分靈自湄洲祖廟朝天閣，才改名為朝天宮。

清康熙年間，佛教臨濟宗禪師樹壁奉湄洲祖廟媽祖神像來台，登陸笨港北岸，經街民議留下樹壁及神像以供膜拜，遂於康熙三十九年（1700年）於現址建廟奉祀，成為嘉義縣以北最早興建的媽祖廟。朝天宮迄今超過三百年，因神蹟靈驗，已成為全國三百餘座媽祖廟的總廟，外觀輝煌，列為二級古蹟。

相傳光緒十二年，嘉義地區久旱，街民因此迎北港媽前往供奉並由嘉義知縣親臨祈雨，果然甘霖立霈，因此光緒皇帝親提「慈雲灑潤」之匾。

在日治時期，當時的台灣總督佐久間左馬太不但到廟裡參拜，同時獻匾「享於克誠」，而另一位台灣總督石塚英藏，也因為在建築基隆港、高雄港及東線鐵路時，施工上遇到困難，到此祈求，並於工程順利完成後，獻匾「神恩浩蕩」，以答謝天恩，更奠定了朝天宮的地位，並增添其傳奇色彩。

每年從除夕夜開始一直至三月底，朝天宮及週邊商家、道路，幾乎成了不夜城，全台肖媽祖，各地住徒及分靈廟宇前來進香的參拜隊伍絡繹不絕，鎮內終日鑼鼓暄天、不絕於耳，當地還流傳一句「北港囡仔不能驚炮聲」。

每年農曆三月十九日起，北港連續五日有盛大的「迓媽祖」的慶典，藝陣、炮火秀、藝閣遊行等連番上陣，伴隨媽祖出巡遶境，家家戶戶擺桌宴客，是北港年度最大盛事。

重點美食與道地小吃

雲林是台灣重要的農業大縣，生產各種經濟作物。來到北港鎮，朝天宮除了是當地的信仰中心外，也是重要的經濟中心，以廟為軸心向外輻射的週邊，就是北港鎮最熱鬧的地方。尤其是廟前一條街，兩側均是商家，花生、麻油及蒜頭是當地的特產，至於各式零食、糕餅，則是為了服務進香客而推出的，只要接近朝天宮五百公尺左右，就有許多阿公、阿嬤向您友善地招手，希望您能向他買一束清香。而周邊的商家也大方地把店門口讓出方便進香客臨時停車，或將可口的糕餅端到您面前來，當然是期待您能花點小錢買點伴手、特產或香燭了。到了北港，特別可以感受花點小錢卻能換得南部人熱情的對待方式。

北港圓仔湯

地　　址　雲林縣北港鎮中山路29號
電　　話　（05）773-1231
營業時間　AM11:00～PM11:00，二兄弟輪流經營，很少公休
價　　格　圓仔湯、綜合湯、紅豆湯、花生湯等所有冰品，一律20元

朝天宮前熱鬧的中山路上，北港圓仔湯的人潮始終沒有斷過，即使在大熱天，紅豆湯鍋及花生湯鍋還是一樣冒著熱氣。

老闆娘熟稔地站在滾燙的熱鍋旁，老闆則在一旁忙著剉冰，70年如一日。已是第三代經營的蘇老闆表示，從祖母那一代開始就挑擔子在街上賣芋圓冰，母親17歲接手，到現在輪到蘇家兄弟，才有了店面。

純糯米製作，完全沒有人工添加的招牌小湯圓一定是現作現賣，快賣了才再拿起糯米糰來現煮，也因為實在是沒時間用手搓成圓球狀，因此煮熟浮上水面的湯圓都呈現圓柱狀。

北港肉圓瑄

地　　址　雲林縣北港鎮義民路101號
電　　話　（05）783-7016
營業時間　AM10:00～PM21:00，農曆三大節日固定公休
價　　格　山藥＋鮮蝦肉圓45元、原味＋鮮蝦肉圓45元、四神湯30元

夫妻倆年共同創業才四年多，就以紫色的山藥肉圓在2007年全台肉圓盟主大賽中打出了知名度。

外皮有淡淡山藥甜味的紫色山藥肉圓，加了鮮蝦也很受好評。飽滿的一整隻蝦仁，與鮮肉融合在一起，既吃得到海鮮的味道還能留住赤肉香味。

店裡另一招牌Q皮肉圓，必須先經蒸再炸過，因為製作實在太費時，過去只有在夜市中供應，目前也在店裡供應，讓大家有多元化的肉圓選擇。

北港粳粽冰

地　　址　雲林縣北港鎮中正路金長味診所前
電　　話　無
營業時間　AM9:00～PM6:00，公休時間不一定
價　　格　粳粽冰35元、粳粽25元

北港中正路金長味診所前的小攤子，夏日午后總可以看到機車雜放，為了就是嚐一碗加上花豆、綠豆、粉條等配料再搭配剉冰的粳粽冰。

賣了40多年的粳粽，好吃的秘訣在於純糯米製作，吃起來香Q不黏，而冰鎮過後的粳粽入口後的Q涼口感，在夏天最是對味。符合健康潮流，這裡的粳粽可是使用衛生單位要求的普美能製作，不含硼砂。每年3月北港媽祖開始進香的盛季，就有粳粽冰可以享用，一直到11月寒風吹起才收攤喔。

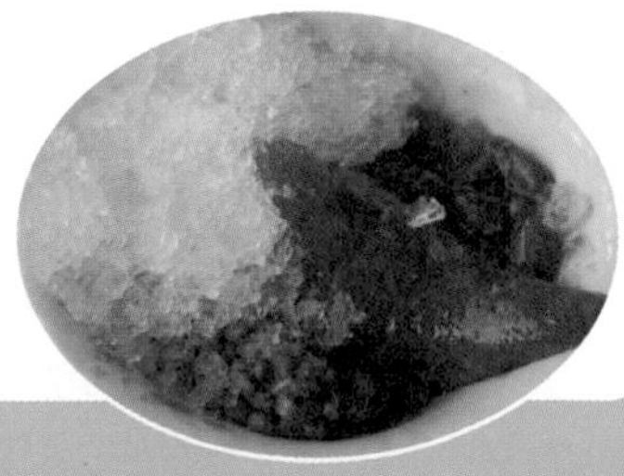

祥記花生

地　　址　雲林縣北港鎮中山路157號
電　　話　（05）781-3803
營業時間　AM9:00～PM5:00（只營業秋天至翌年農曆三月）
價　　格　花生貢糖酥一盒150元

雲林縣盛產花生，每年從秋涼開始，廟旁的祥記花生就開始現場做起花生貢糖酥。已經傳到第四代的祥記花生有超過百年的歷史，而配合進香的旺季，一年也只做半年的生意。

選用在地雲林花生，用專用木棒將熱鍋裡麥芽糖捲起後，放到花生粉上，接著將花生粉及麥芽糖充分融合、反覆搓揉，再使用木滾輪將已經半成形的花生麥芽糖重覆壓平後，手工現作的花生貢糖酥就成形了。現場觀賞後順便嚐鮮，送進嘴裡時有著深深的麥芽醇香，手作滋味果真大不相同。

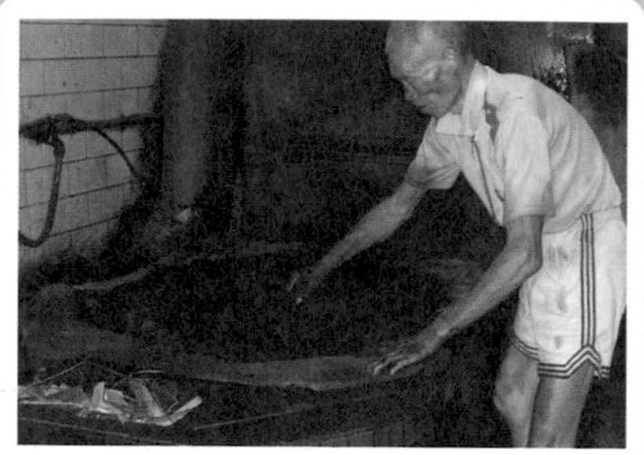

北港油車舖麻油

地　　址　雲林縣北港鎮中山路97號
電　　話　（05）782-7977
營業時間　AM8:00～PM9:00，全年無休
價　　格　黑麻油、白麻油，一斤150元；苦茶油一斤500；花生油，時價

北港在清代時盛產胡麻，帶動油車業發達，至今持續不墜。光明路巷子裡的協發油廠，仍然保持真正傳統冷榨製麻油，每天上午可以看到高齡78歲的國家級麻油師傅姚清海老先生，站在歷史悠久的老榨油機旁榨油。還沒走到店門口，就可聞到滿巷子的麻油香。

冷榨麻油的香味持久也最珍貴，因此許多在地人都知道要繞到這巷子裡來「打」麻油。而為方便遊客，還特別在熱鬧的中山路上開了家「油車舖」門市。不要小看這瓶黑麻油，它可是冬令進補及婦女做月子的必備聖品，而白油麻則是用來涼拌料理時使用的。

鵝蛋攤

地　　址　雲林縣北港鎮諸元內科門口
電　　話　無
營業時間　AM9:00～PM6:00
價　　格　茶葉鵝蛋25元、鹽焗鵝蛋25元

雲林畜產豐富，養雞、養鵝人家特多，北港朝天宮前這個專賣鵝蛋的攤販，一顆顆比雞蛋足足多了二、三倍大的鵝蛋，實在令人大開眼界。

看著攤車上畫的圖案，會以為一顆要賣80元，但老闆娘笑笑說，「那是三顆鵝蛋的圖樣啦！」這裡只有茶葉鵝蛋及鹽焗鵝蛋兩種產品，每一顆都是25元，吃了一顆鵝蛋一個下午都會有飽足感。另外，大個頭、蛋白彈Q且十分滑嫩的鵝蛋，老闆娘還傳授了偏方——頭痛者用麻油煎鵝蛋吃可以舒緩頭痛，還可以改善腳抽筋症狀，功能多多哦！

日香珍狀元喜餅

地　　址　雲林縣北港鎮中山路141、143號
電　　話　(05)783-5360，可電話或傳真訂購
營業時間　24小時不打烊
價　　格　狀元喜餅（魯肉、豆沙、肉鬆）一斤裝100元；紅豆麻糬、冬瓜肉餅、咖哩魯肉，一斤裝均100元。

北港最有名的糕餅是一個男人手掌大小的「狀元餅」，也就是俗稱的「大餅」。日香珍的大餅不但保有懷舊的口味，至今還以一台斤為計價單位，讓許多婆婆媽媽聽起來覺得格外親切。

雖然以傳統喜餅起家，但傳承了四代後也不斷創新產品。改良後的狀元餅採用紐西蘭奶油增加Q度，再以綠豆沙為底。而採用溫體豬肉的魯肉角，則用醬油、油蔥炒上一小時餘，入味後再加肉鬆、蛋黃等，這種半甜鹹的口味吃起來不油膩，銷路特別好。另外還有女性消費者最愛，帶點日式大福作法的紅豆麻糬餅。

周邊景點

人文風情，山海一氣，暢遊雲林

人文之旅—北港→虎尾

（沿著78號東西向快速道路一路玩）

雲林除了是個典型的農業大縣，也是全台灣廟宇最多的縣市，更有著國寶大師黃海岱所一手建立的布袋戲王國，就讓我們從北港一路玩起，體驗一場在地的人文知性之旅。

小小的一個北港鎮竟然前後有四家戲院的風華？僅管不敵電視業崛起造成的強大衝擊而陸續關門，但巴洛克風格的北港戲院、廟前熱鬧日式建築的振興戲院、以歌仔戲、布袋戲為主的大復戲院，還是已改建為商業大樓的國賓戲院，都靜靜地訴説著一頁北港的發展史。

驅車離開北港後，經過元長鄉上了78號東西向快速道路來到了虎尾，別忘了一定要來到虎尾糖廠吃一支冰棒。虎尾糖廠與彰化溪洲糖廠、屏東糖廠並列為台灣三大糖廠，也因為產量居冠而有「糖都」之美譽，是台灣糖業的文化重鎮。沿著中山路直行還可以看到當年運糖的老車站、日式房舍、百年老樹及五分車經過時會發出轟隆隆巨響的虎尾溪鐵橋。而建於大正年間的虎尾雲林故事館，有著日式木建築之美，也非常值得駐足品味。

當然，來到虎尾不能錯過的還有「轟動武林、驚動萬教」的霹靂布袋戲發源地——虎尾三郡景（郡役所、郡守官、合同廳舍）之一的郡役所有個布袋戲館，而中溪里中興路的大霹靂布袋影城則是每逢週六開放預約進入參觀。

再來到雲林縣政府所在地斗六市中心的圓環旁，這裡有不輸給大溪老街的斗六太平老街。沿路到了古坑鄉華山咖啡園區，除了品嚐道地台灣咖啡，秋冬時節還有盛產的柳丁可以當伴手。如果想要追求刺激一點的遊樂園行程，那麼有著號稱全亞洲獨一無二的「飛天潛艇G5」，以及每小時90公里高速的亞洲第一座「無底盤式雲霄飛車」，都可讓你體驗迴旋、俯衝和翻轉等驚叫連連的樂趣。

山線—古坑品咖啡

由於地理位位置、氣候和濕度等條件適合咖啡樹的生長，早在日治時期昭和年間，日本人就在古坑鄉荷包山栽種約八十公頃的咖啡樹，當地的村民就在日本人設立的咖啡園打工賺取微薄的工資，使得荷包山又有「咖啡山」的別稱。

經歷了戰爭的洗禮，戰敗後的日本人離開台灣後，古坑地區的咖啡林逐漸荒蕪。民國四十五年至四十八年間農復會利用美援的補助，在斗六設立一家咖啡工廠從事咖啡產業的加工，但因政府未積極輔導，沒落了有卅年之久。直到近年來，台灣人喝咖啡開始蔚為風潮，華山才以「台灣咖啡」打響名號，一時之間，附近的農民紛紛砍掉原本栽種在山區的檳榔樹而改種咖啡樹，漸漸地古坑的華山、荷包山、朝陽、大埔、六斗坑、草嶺等山區陸續栽種了大片的咖啡園。並間接帶動了地方觀光經濟及產業的發展。

每年十月間舉辦的台灣咖啡節活動，總會吸引許多遊客進到華山地區喝咖啡，看山景。路過雲林，別忘了到古坑來喝杯香醇的台灣咖啡。

海線—台西嚐海鮮

要品嚐海鮮非得往西走不可，台西鄉是台灣西岸養殖業的大本營，漁塭池裡有著全台產量最大的文蛤，還有為數不少的虱目魚，靠著流動的海水來維持魚塭的活力以及養殖人家的三餐溫飽。

規劃過的台西觀光海園可以品嚐蚵仔的風味，體驗撐竹筏、剖蚵仔、摸蛤蠣當海口人家的樂趣。傍晚時分來到觀海平台，望著海平面上的紅紅夕陽，伴隨著陣陣清風吹拂，相當有寫意的閒情景緻。

如果遇到養殖人家的豐收時期，或許還可以買到便宜的漁貨呢！另外，台西還有獨特的「蚵仔湯包」，以新鮮蚵仔製成，喜愛海味的遊客可不要錯過。

路程距離

北港開車經78號東西向快速道路至台西約30分鐘。

北港開車經78號東西向快速道路至古坑約50分鐘。

交通方式

搭車：

虎尾方向

搭乘北港往斗六的台西客運，在虎尾站下車。

*虎尾站下車後，可搭台西客運再往斗六及古坑。

台西方向

搭乘台西客運從北港到西螺，再轉搭西螺到麥寮路線，在台西站下車。

搭乘台西客運從北港到虎尾，再轉搭虎尾到麥寮路線，在台西站下車。

自行開車：

走台19線接台78線東西向快速道路「台西－古坑段」，往西可以到台西，往東先到虎尾，再到古坑。

新港 奉天宮

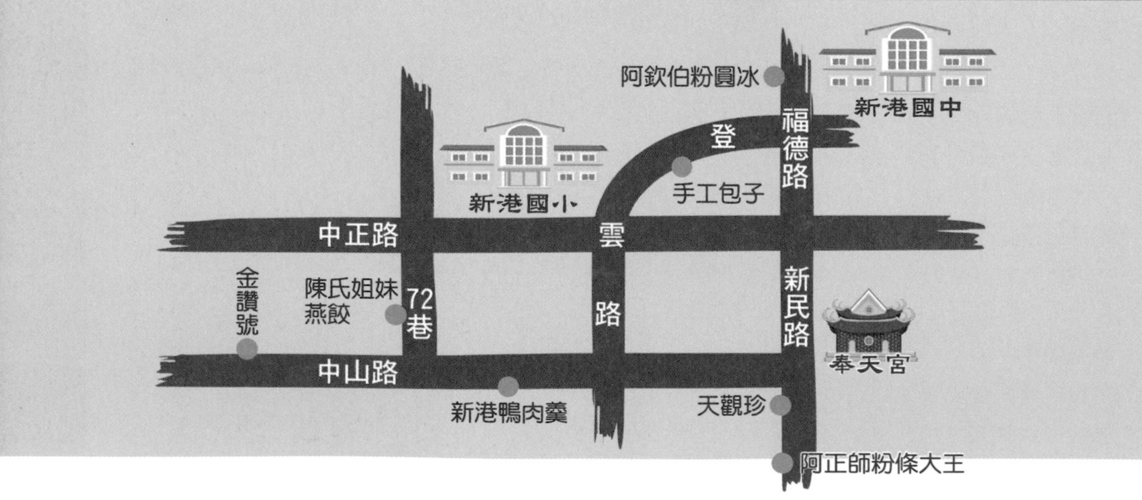

阿欽伯粉圓冰
新港國中
登
福德路
新港國小
手工包子
中正路
雲
金讚號
陳氏姐妹
燕餃
72巷
路
新民路
奉天宮
中山路
新港鴨肉羹
天觀珍
阿正師粉條大王

特殊文化慶典

農曆正月初一子時：新春廟門搶頭香，已有三百年歷史，每年大年初一凌晨子時，就會有大批信徒在寺廟前廣場等待插「頭香」。

農曆正月初九：天公生、拜天公。

農曆正月十五日：媽祖繞境新港街面、元宵節民俗表演。

農曆三月：大甲媽祖到新港、彰化南瑤宮回鑾、天上聖母聖誕千秋。

文化導覽　事先電洽

基本資料大公開

地　　址　嘉義縣新港鄉大興村新民路53號

電　　話　（05）374-2034

開放時間　AM5:00～PM12:00

主　　祀　媽祖

副　　祀　觀世音菩薩、文殊菩薩、普賢菩薩、西秦王爺、福德正神、註生娘娘、文昌帝君、關聖帝君、笨港城隍爺、功德主王得祿、太歲

祈　　求　萬事皆可求。地方上有這麼一首盛傳的打油詩：文武「眾神」兩邊排，聖母坐在神房內，信徒跪在聖母面前拜，有什麼代誌講給聖母知，聖母自有好安排。

怎麼拜

四個爐，點六柱香。祭拜順序：正殿（插三柱香）→笨港城隍爺殿→西秦王爺殿→觀音殿→文昌帝君殿→凌霄寶殿（上樓）→太歲→關聖帝君殿→先賢功德祿位→虎爺殿。

禁　　忌　百無禁忌

奉天宮

評鑑

文化古蹟評價	★★★★
交通路線評價	★
美味小吃評價	★★★
伴手好禮評價	★★★★
週邊景點評價	★★

創建歷史與傳奇故事

聞名全省的新港鄉奉天宮，是三級古蹟，原本建於諸羅縣外九莊笨港街上，清康熙三十九年（西元1700年）由當地居民合建而成，主要供奉湄洲媽祖，乾隆年間奉祀大媽、二媽和三媽神像，沒想到嘉慶四年(西元1799年)，笨港溪氾濫，天后宮遭洪水沖毀，神像暫時移到麻園寮，即今日的新港。因為溪水阻隔了民眾參拜的路線，相當不便，經協議後將大媽留在新港，二媽分祀北港朝天宮，三媽祀奉於新港六興宮。後來當地居民集資建廟，並合力於嘉慶十七年（西元1812年）間完工落成，正式定名為「奉天宮」。

新港奉天宮與幾公里之隔的北港朝

天宮總是常被拿來相提並論，由於地緣相近，風土民情雷同，同是湄洲媽祖分靈而來，各地前來的信眾也多兩邊都參拜。

由於分靈媽祖遍及全台，因此每年農曆大年初一搶頭香開始，各地回娘家的媽祖遶境陣頭就不斷，一直持續到農曆三月二十三日媽祖壽誕，尤其是大甲鎮瀾宮媽祖帶領的上萬信眾遶境至新港奉天宮進香參拜，更是造成萬人空巷，奉天宮前宛若一座不夜城。

與許多百年以上的廟宇相仿，奉天宮也有清代皇帝親筆御賜的匾額文物，還有一塊黃澄澄的日本裕仁天皇聖壽牌，據說是日據時代為了強化台灣人的皇民思想所安置的。台灣光復後，各大寺廟的壽牌都被消毀殆盡，而奉天宮的壽牌卻因為有人拿回家珍藏而意外得已保存，至今依然是又金又亮，而正殿旁的乾隆年間雕刻的龍柱，還看得出當時的工藝之美。

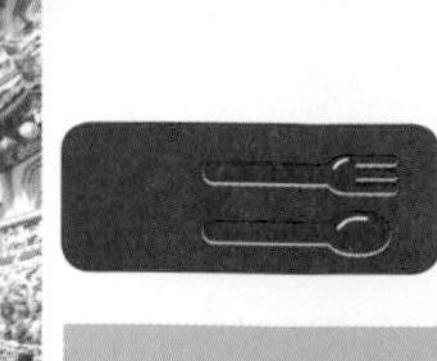

老饕必吃

奉天宮

重點美食與道地小吃

新港是典型的農業鄉鎮，出產各種農產品和其製品。早在明末天啟年間，顏思齊、鄭芝龍便渡海至新港的前身——古笨港登陸，在此建立十寨作為根據地，召大陸沿海民眾來此屯墾，因此新港有「開台第一村」之稱。新港子孫、雲林舞集的創辦人林懷民成名舞作「薪傳」，便是以這段故事做為源頭活水。

奉天宮前也是新港最重要的市集，蒜頭、彩椒、麻油和大餅應有盡有並沿街兜售，呈現出台灣典型的廟口文化。當然，還有著名的新港飴，拜拜之餘，別忘了停下腳步，細細品嚐選購。

新港鴨肉羹

地　　址　嘉義縣新港鄉中山路奉天大樓17號
電　　話　（05）374-7950，宅配服務可貨到付費，1200元以上運費店家負擔
營業時間　夏天AM9:00～PM7:20；冬天AM9:00～PM6:40
價　　格　生炒鴨肉羹30元

每年進香旺季，總可看到許多站著等搶位置的遊客。賣了四十年的鴨肉羹，闖出名號的第一代已經退居幕後，交給第二代輪流經營，「一鍋炒完賣光後再炒一鍋」是他們的堅持，如此鴨肉才不致於泡在羹湯中太久而走味。

將新鮮鴨肉先以蔥、蒜、辣椒、五印醋等大火爆炒，鎖住鴨肉的肉汁及彈性後，再與筍絲、鴨骨湯烹煮、勾芡，就是道地鴨肉　的口感。蒜香、羹甜是鴨肉羹傳揚的風味。當然，這裡只有一項產品，不賣麵也不賣飯，如果一碗吃不飽的食客，只好多吃幾碗了。

陳氏姐妹蒸餃

地　　址 嘉義縣新港鄉中山路72巷10-2號
電　　話 （05）374-3988
營業時間 AM10:30～PM06:00，農曆初一、十五休息，如遇假日則不休。
價　　格 蒸餃，10顆45元；酸辣湯25元

位於新港鐵道公園旁，已經有20多年的歷史，由於是姐妹一起創業經營，便取名陳氏姐妹。外省籍的楊老闆是麵皮手藝的傳授者，一家人同心協力，展現了家族間的好感情，也桿出來皮薄又帶著嚼勁的好蒸餃。

剛包好的餃子送到蒸籠上大火一炊，晶瑩剔透的幾分鐘就上桌了，搭配薑絲咬上一口便肉汁四溢，還能吃到高麗菜的清脆度。這裡的酸辣湯也是一絕，酸度和胡椒味搭得正好，難怪口碑遠揚。

新港手工包子

地　　址 嘉義縣新港鄉登雲路142-1號
電　　話 （05）374-3657
營業時間 PM1:00～PM18:00
價　　格 芝麻包10元、五穀饅頭15元、香菇肉包15元、小籠包15個50元

中午過後循著一股蒸氣的香味前進，在新港國小對面，就可找到轉角這家並不起眼，但人潮卻沒有斷過的手工包子店。

一顆小小的五穀饅頭，是核桃、腰果和枸杞等多種養生材料所製成，而招牌肉包，則有著軟嫩的外皮，香菇加豬肉塊的肉餡少了油膩卻更加可口。每天中午12點半開始，老闆連同夥計開始忙碌地桿麵，如此動作已經超過了15個年頭。當下午1點半，第一籠包子、饅頭陸續出籠了，人潮也開始聞著香味而來。

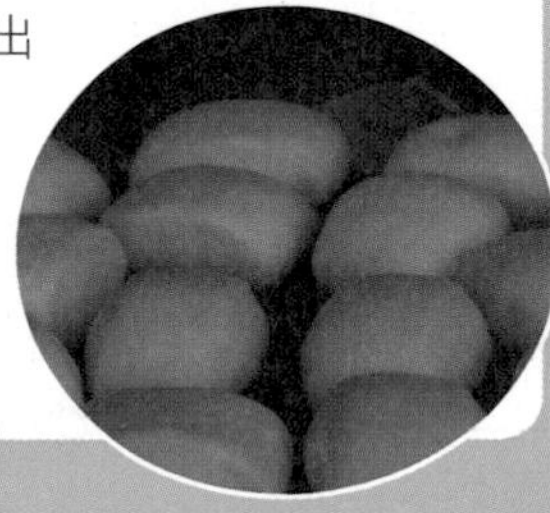

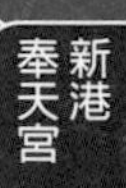

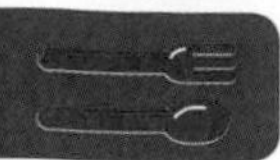

阿欽伯粉圓

地　　址　嘉義縣新港鄉福德路108號（新港國中對面）
電　　話　(05)374-5799
營業時間　AM09:30～PM06:00，夏季無休
價　　格　原味粉圓、紅豆粉圓、綠豆粉圓、鳳梨粉圓、粉圓加鮮奶，均小30元，大40元。

已經八十多歲的阿欽伯，從好友母親的手上學到傳統粉圓的作法，於是開始了一枝扁擔，十五年沿街叫賣的生活，直到在新港國中附近的大樹下擺了一個小攤後，才停止奔波。

上等蕃薯粉純手工搓揉，再淋上傳統的赤砂糖水，沒有添加防腐劑的濕粉圓當天現做現賣，最傳統的古早味來上一碗，果真沁涼爽口，難怪口碑極佳。儘管經營工作已經交棒，但阿欽伯還是習慣每天到攤子來看看自己一輩子最重要的事業。

阿正師粉條大王

地　　址　嘉義縣新港鄉新民路142號
電　　話　（05）374-8816
營業時間　AM7:30～PM7:00，雨太大則休息
價　　格　招牌冰25元、綜合冰25元、粉條冰25元

位於民雄、北港往來的要衝，路口紅綠燈下兩家賣粉條冰的店家，一到夏天要買冰幾乎都得排隊。「好吃又便宜」幾乎是多數人對阿正師粉條冰的印象，滿滿的料加上尖得像小山的剉冰一碗只要25元，實在有南部人的豪氣。

每天清晨四、五點開始將地瓜粉以手工祖傳秘方比例製作出的粉條，每條都晶瑩剔透，口感滑嫩，而由紅糖加黑糖依比例調製而成的純糖水，則幫冰品提味了不少，在盛夏的午後，特別的對味。

金讚號

地　　址　嘉義縣新港鄉中山路120號
電　　話　(05)374-6361
營業時間　AM8:00～PM9:00，全年無休
價　　格　各式花菓酥50元、鹽酥花生50元、招牌菓100元(酥糖、花生酥、軟糖)、黑麻油(特級)1斤220元，(純正)160元

民國廿年，謝家祖父謝綿自製炒花生及酥糖沿街叫賣；第二代的子孫謝金讚，則將原本小販生意擴大為批發的角色，同時還賣起帶殼鹽酥花生及花生油，奠定事業基礎；第三代子孫則分別開設了「金讚成」成及「金讚號」，研發「花菓酥」等系列商品，讓金讚花生的知名度更高。

除了在花生系列研發新口味之餘，金讚號也另闢榨油事業。以古早味的冷壓製作方法，推出的香醇的「銘竹麻油」，比起熱榨的麻油，香氣持久數倍以上。

天觀珍

地　　址　總店：嘉義縣新港鄉新民路74號
　　　　　分店：嘉義縣新港鄉中山路奉天大廈11號
電　　話　(05)374-2135
營業時間　AM8:00～PM10:30
價　　格　新港飴(粉粒、花生、桂圓)70元、花生糖(白芝蔴、黑芝蔴)70元

相傳在清光緒年間有位賣花生糖的唐山師傅，因擔心連日陰雨讓花生糖變軟，便試著將花生糖放在鍋中加熱，並加上粉漿揉成頭小尾尖的「老鼠糖」，又稱「雙仁潤」。日治時代日本天皇吃了後大為稱許，便賜了「新港飴」的名號。天觀珍的創辦人周甲乙傳承了唐山師傅的手藝後，在新港地區專賣新港飴至今已傳到第四代。

好吃的新港飴咬下去Q勁十足且不黏牙，還能感受到花生的香氣。「堅持傳統」及「手工製作」的天觀珍為老字號糕餅店注入活水，更提高了新港飴的名氣。

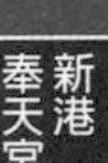

周邊景點

周休二日，山線二日遊

尋訪民雄三寶、暢遊嘉義市區

來到新港，如果時間上許可，膽子也夠大，那麼緊臨的民雄鄉有全台四大鬼屋之一的「民雄鬼屋」（劉家古厝），可以去一探究竟。這棟位於民雄鄉義檢山墳場附近的三層紅磚樓閣看似為中式的建物，卻帶著巴洛克的洋風，曾經是富門豪邸。新屋落成之初吸引了不少文人雅士聚集一堂，但因後代子孫出外發展而年久失修，廢棄數十年。由於不堪風吹日曬的摧殘，造成樓閣破舊、庭院草長，加上長久乏人整理造成的樹陰陰鬱，有著「庭院深深，深幾許」的大宅門落寞。而村民的穿鑿附會更使得鬧鬼之說不脛而走，加上電視劇取此陰森寂寥的外觀為景，造就以訛傳訛的鬼屋傳奇，尤其屋後已經被土石填滿的古井更傳說是女婢含冤投井之處，更是遊客前來必拍照之處，加深了鬼屋的傳奇性。

參觀完了鬼屋，驚悚之心只能透過大吃一頓來壓壓驚了，鬼屋、鵝肉及肉包堪稱「民雄三寶」。在台鐵民雄站附近的和平路，有一條名氣響亮的鵝肉街，狹窄的一小段路上，有數家的鵝肉店任君選擇，如果不喜歡吃鵝肉，台一線上的民雄肉包也可以滿足您的味蕾。

沿著台一線可以直行到嘉義市區。若是時間允許且肚子還裝得下東西，來到號稱好吃的雞肉飯重鎮，可別忘了嚐一碗。沿著中山路圓環輻射出來的文化路夜市，更是年輕人的最愛，也是嘉義市最熱鬧的商圈，有各式好吃好玩好買的商家，足夠讓您荷包大失血。不過，別忘了儲存一點體力，因為得準備凌晨三點起床，出發前往阿里山看日出及雲海喔。

阿里山國家風景區

「阿里山不來終生遺撼！」被陸客指名來台旅遊必到的景點阿里山，不但擁有姐妹潭、巨木群棧道和香林神木等美景，走在森林步道上，沿途還可欣賞千年巨木並呼吸原始森林的芬多精，並有世界第一等的高山茶，來到嘉義縣境內，你怎麼能錯過到阿里山一遊。

而沿著阿里山公路蜿蜒而上，半山腰的奮起湖則是鐵道迷必到之處，素有南台灣九份之稱，有火車博物展示場、老街及火車老站，步行到阿里山鐵路的奮起湖站，耳邊響起「便當、便當」叫賣聲，月台邊到處可看到遊客隨興的席地而坐，吃起木盒裝的鐵路便當，午后山中開始起霧，在雲霧繚繞的浪漫氣氛中，2公里長的台灣杉環狀步道，總可看到情侶們牽著手慢步徐行，享受海拔1500公尺的高山芬多精。

暢快漁樂，海線一日遊

東石漁港、布袋漁港，蚵的故鄉，大啖海鮮

奉天宮參拜完媽祖後，喜歡海岸風情的遊客，可以沿著168縣道，來到東石、布袋沿海，一路欣賞台灣海峽的漁鹽風光。

嘉義沿海是台灣的養殖漁業重鎮，這裡的海口人幾乎都靠海維生，因此孕育出特有的漁鹽文化及豐富的濕地生態景觀。沿著船仔頭朴子溪前行，迎著風漫步在長堤上，溪畔約兩公里的紅樹林，有成群的白鷺鷥飛舞，還有各種魚蟹類悠游其中，鰲鼓溼地的多元性，最適合親子同遊。

東石漁人碼頭的風光秀麗，四季及潮汐交織出迷人的景色。到這裡，你可享用海鮮大餐或是親自到觀光漁市場享受拍賣、比價的樂趣。如果不夠盡興，午后來趟觀光漁筏之旅，體驗沿海養殖漁業的樂趣。布袋觀光漁市則有各式的生猛海鮮，等著你來大快朵頤，來到布袋當然別忘了欣賞養蚵人家挖蚵或剝蚵的畫面。

此外，沿途中雪色般成堆的鹽田，這製鹽的歷史也不容錯過。當然親近了海洋，玩水是不可少的，而到秋冬之際，則會看到往南過冬的候鳥前來暫歇，一場大自然的保育教室就在你的眼前真實上映，絕對讓你不虛此行。

路程距離

奉天宮開車至民雄約20分鐘。

民雄開車至嘉義市區約20分鐘。

奉天宮開車至東石漁港和布袋漁港均約40至50分鐘。

交通方式

搭車：

往民雄

搭嘉義公車或嘉義客運，在民雄縣於義橋仔下車再循指標前往各處景點。

往阿里山

1、嘉義火車站搭乘嘉義縣營公車，「阿里山線」至終點站下車即可。

2、嘉義火車站搭乘國光號至阿里山。

3、嘉義火車站搭乘阿里山森林小火車，至沼平站下車即可。

往東石、布袋

搭嘉義公車或客運塭港線，經朴子至東石。

搭嘉義公車或客運布袋線，經朴子至布袋。

*乘客運至東石和布袋，均需要經過朴子。

*嘉義地區部分大眾交通工具班次較少，出發前建議先詳查發車時間。

自行開車：

往阿里山

1、離開奉天宮後，走159線道至嘉義市，沿18省道（世賢路、吳鳳南路）接阿里山公路上山。

2、國道一號下嘉義交流道後，經159縣道至嘉義市，沿18省道（世賢路、吳鳳南路）接阿里山公路上山。

3、國道三號下中埔交流道，過觸口、龍美、龍頭、石棹繼續前行，即可抵達。

*自高速公路下交流道後，一路上均有森林遊樂區的指示牌，至森林遊樂區正門口共75公里。

往民雄

1、離開奉天宮後，走159線道，接164縣道往東，即達民雄。

2、國道一號下大林交流道後，走162縣道再接1號省道往南，即達民雄。

3、國道三號下竹崎交流道後，即是166縣道，往西走為民雄方向。

往東石、布袋沿岸

1、離開奉天宮後，走159線道，接166縣道往西，即達東石。再往南走17號省道，可達布袋。

2、國道一號下嘉義系統，或國道三號下水上系統後，接82號省道（快速道路），經祥和交流道右轉，接嘉45鄉鎮道路，再接168縣道左轉直駛到朴子後，可抵達東石，再到漁人碼頭。

3、走17號省道，經布袋大鹽山後，看見中國石油加油站右轉進入上海路直走，再走布新橋，經觀光漁市場直走後，左邊武聖宮大廟左轉直走，即達「布袋南航道生態走廊、人工沙灘、鱟魚復育區旁」等景點。

台南 大天后宮

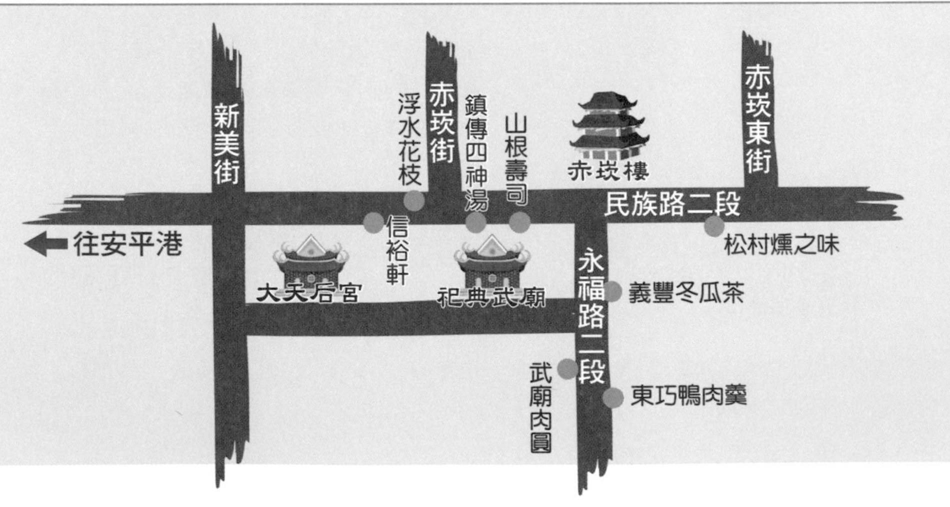
新美街
赤崁街
浮水花枝
鎮傳四神湯
山根壽司
赤崁樓
赤崁東街
民族路二段
往安平港
信裕軒
松村燻之味
大天后宮
祀典武廟
永福路二段
義豐冬瓜茶
武廟肉圓
東巧鴨肉羹

特殊文化慶典

農曆三月二十三日，鎮殿大媽誕辰

農曆五月十六日，鎮南媽開光紀念日

農曆九月九日，媽祖昇天紀念法會

文化導覽 電洽台南市文化局06-2953407，或台南大天后宮管理委員會06-2211178

基本資料大公開

地　　址 台南市永福路二段227巷18號

電　　話 （06）221-1178

開放時間 AM6:00～PM8:00

主　　祀 啟台媽祖天上聖母

副　　祀

水仙尊王、四海龍王、虎爺將軍、三官大帝、註生娘娘、臨水夫人、水下老人、福德正神、觀世音菩薩、聖父聖母、三寶佛祖、左右護法、十八羅漢、釋迦牟尼佛、藥師佛、阿彌陀佛、地藏王菩薩。

祈　　求

(1) 萬事皆可求

(2) 現場提供DIY平安符，共有「平安保身符」、「家庭美滿符」、「生意靈符」、「考試成績優異符」等四種符令。先取黃色符令紙→挑選想要祈求的符令→印上印泥→將符令印章蓋上黃色符令紙上→蓋完章等符令紙乾後，放入香火袋內→將香火袋放置香爐上繞圓三圈後，並許下祈願，平安符DIY便完成（功德金隨喜）。

怎 麼 拜

共八個爐，可各插一柱或各插三柱香。天公爐後拜媽祖，然後順著右手邊順序前殿，旁殿到後殿祭拜。

禁　　忌 做月子期間或家有喪事滿百日前，不宜進入廟內

大天后宮

評鑑

評鑑	
文化古蹟評價	★★★★★
交通路線評價	★★★★
美味小吃評價	★★★★★
伴手好禮評價	★★★
週邊景點評價	★★★★

創建歷史與傳奇故事

擁有三百多年歷史的台南「全台祀典大天后宮」，是台灣第一座官建媽祖廟——現址原為明朝寧靖王朱術桂的王府。「大天后宮」是目前全台保存最完整的明代建築藝術、全國敕封天后的首廟，也是唯一列入官方春秋祭典的媽祖廟，為一級國家古蹟。來到大天后宮，若期待會有金光閃耀、富麗堂皇的樣子，那就錯了！這裡可是異常地低調與樸實。

大天后宮媽祖的「鎮殿媽」高一丈八尺，為明代神像之造型，也是台灣泥塑雕像之代表之一，受歷代皇帝褒封，從元朝至清朝康熙十九年時，累封為天妃，清康熙二十三年（西元1684年）開始更被封晉封為天后，鎮殿媽的頂冠有垂珠九排，共八十一顆垂珠之「冕旒九游」，突顯褒封天后之尊榮。

大天后宮因於香火長年裊繞，以致被燻成烏金面容，卻不損其神威，廟方於九十四年委託張元鳳教授監造，杜牧河匠師進行修復施作，並在九十五年完工重新點眼開光，還給媽祖三百年前的金色面容。

雖說是一級國家古蹟，大天后宮卻不用華麗來包裝，一般台灣的廟宇門上皆繪有門神，但台南大天后宮為了顯示天后的尊貴，不繪門神，改以門釘替代來裝飾。而由於歷史悠遠，因此歷代帝王御筆親題的匾額眾多，以康熙御匾「輝煌海澨」；雍正御筆「神昭海表」；乾隆御匾「佑濟昭靈」；嘉慶御匾「海國安瀾」；道光「恬波宣惠」；咸豐御匾「德侔厚載」；光緒御匾「與天同功」等清代帝王御筆親題匾額，最具歷史價值。

另外，拜殿旁有施琅將軍平台時所立的「平台紀略碑」，是目前是現在台灣所保存的最早清碑；而殿內到處是豐富的建築特色及歷史文物，宛若置身文化藝術殿堂，來此一遊時，別忘了放慢腳步，仔細欣賞有數百年歷史的珍貴文物。

重點美食與道地小吃

世界最美的城市幾乎都擁有自然的古建築之美，這正是觀光行銷的一種——豐沛的文化資產正是最好的觀光基石。台南市擁有七個一級古蹟，堪稱台灣之最，其中五個集中在中西區，包括祀典武廟、大天后宮、五妃廟、孔子廟及赤崁樓等，這些古蹟忠實地紀錄了城市的變遷，也發展出屬於台南獨有的小吃文化。

赤崁文化園區就是一個古蹟多、美食多的區域，也是台灣少數擁有荷蘭、明鄭建築的文化園區。此處曾獲得美國華盛頓郵報特別推薦，是許多外縣市觀光客到台南指定一定要去的地方。以赤崁樓為中心，周圍發展出的特色小吃，像是米糕、鹹粥、鴨肉羹、海產粥、擔仔麵、肉粽、碗粿、浮水花枝羹、肉圓、滷味和冬瓜茶等，琳瑯滿目，應有盡有，平實的價格，總讓人忍不住想多逗留一會兒，吃到肚皮快撐破才肯罷休。

老饕必吃

山根壽司

地　　址　台南市民族路二段357號
電　　話　（06）225-2095
營業時間　AM12:00～PM 2:30、PM 5:00～PM 12:00，每週二休假
價　　格　生魚握壽司130元、綜合壽司55元、日式炸豆腐40元、綜合沙拉100元、烤香魚150元

每到傍晚時分，赤崁樓對面、武廟紅色後牆旁的人行道上總擠滿了人潮，靠著口耳相傳的新鮮與便宜，才經營三、四年的時間，馬上就成了台南人的新歡。

菜單上六七十種的菜色讓人目不暇給，洪老闆說，路邊攤就是要有多樣化的選擇才留得住客人。菜色一上桌，便了解人滿為患的原因了，鋪滿鮭魚卵的手捲，厚切生魚片的握壽司，還有香味四溢的揚出豆腐，這裡的食材不輸高級日本料理店，卻只要路邊攤的價格，讓人不愛上它也難。

武廟肉圓

地　　址　台南市中西區永福路二段225號
電　　話　（06）222-9142、228-4568，全省低溫宅配，40顆為一單位
營業時間　星期一至五，PM 1:30～PM6:30（賣完為止）；星期六至日，AM 12:30～賣完為止。每週二公休。
價　　格　一份三粒，50元

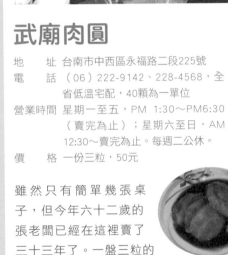

雖然只有簡單幾張桌子，但今年六十二歲的張老闆已經在這裡賣了三十三年了。一盤三粒的肉圓配上加了日本柴魚末熬煮的豬大骨清湯，是武廟肉圓的標準配備。

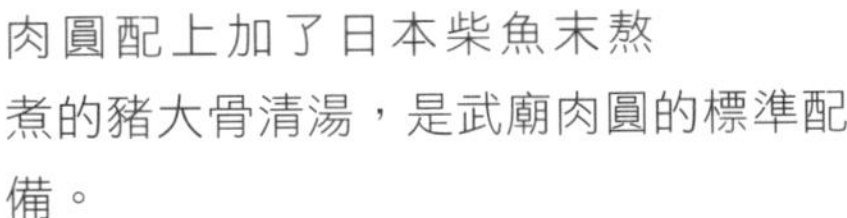

這裡的蒸肉圓以米漿加上蕃薯粉調配，外皮透明而柔軟，而豐富的肉餡是不油膩的豬肉，沾上特製的白辣椒、芥末醬，別有一番風味，總讓人不小心一次吃下太多。最高記錄是男生一次吃了廿一顆，女生一次吃了十五顆，至於吃到第二盤的是比比皆是。

浮水花枝羹

地　　址　台南市民族路2段216號之1
電　　話　（06）229-2975
營業時間　AM10:00～PM11:30
價　　格　浮水花枝羹65元、乾麵35元、三寶飯60元

超厚、肥美的花枝外裹毫無腥味的虱目魚漿，擄奪了無數人的味蕾。「浮水的一定要新鮮啦！」陳太太對於自家產品的自豪，完全毫不遮掩。她說，與油炸物不同，清湯的海鮮絕對要新鮮，材料一腥就會壞了整鍋湯。

一碗65元羹湯，料多到快要溢出來，這是南部人的豪氣，下手絕不客氣。另外，赤崁樓經常有外國觀光客，而日本人卻特別喜歡這家的乾麵，拌入了台南味的肉燥，大大的一碗，實在是歐伊細。

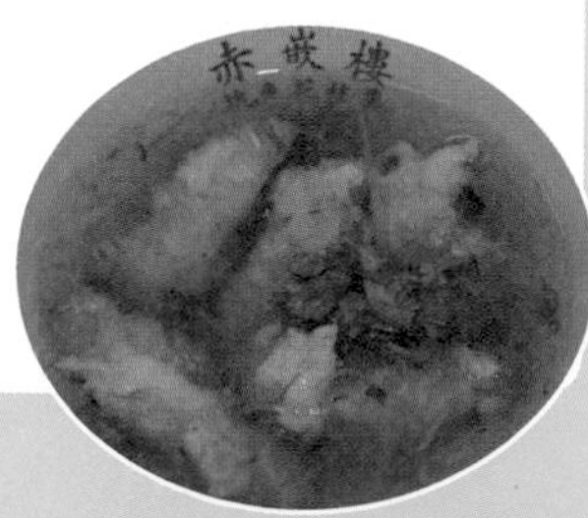

東巧鴨肉羹

地　　址　台南市中西區永福路2段194號
電　　話　（06）228-6611
營業時間　AM11:00～PM7:00
價　　格　鴨肉羹45元、肝腱加鴨肉羹60元、肉燥飯20元

一碗肉燥飯配上一碗鴨肉，才是王道！奶油色的湯頭加上幾片薄薄的鮮嫩鴨肉羹，濃稠的鴨湯乍看以為是厚厚的芶芡，入口後才發現原來是整隻鴨的精華，這就是正宗又最正統的甜鹹鴨肉羹湯。

老闆娘紀彩瓊在這裡經營超過卅年了，堅持選用台南縣特定鴨寮的鴨隻，而一早現宰後經過兩小時的熬煮，不需特別調味，羹湯內的白蘿蔔完全吸收了鴨湯的精華，加點薑絲提味，格外令人欣喜。至於讓人食欲大開的肉燥飯，則是精選三層肉經手工剁碎後燉滷，淋在白飯上肉香四溢，特別下飯。

鎮傳四神湯

地　　址　台南市民族路2段365號
電　　話　（06）220-9686
營業時間　AM11:30~PM8:00，每週一公休、肉品市場休市當天公休
價　　格　四神湯30元、糯米大腸30元、碗粿25元

人口即化的小腸，沒有中藥味湯頭，就是迷人的地方。從武廟旁的小攤位，賣到在民族路開了店面，還是保有傳統的美味。

這裡的豬腸絕不用冷凍貨，每當肉品市場休市那天，腸子沒得買，老闆也只能跟著休假。而坊間的四神湯常見滿是四神的中藥材，這裡為了照顧不愛藥味的客人，將藥材全部撈掉，維持湯頭的純淨，連小朋友都愛喝。

這裡的碗粿也非常值得推薦，小小一碗中卻涵括了蛋黃、香菇、蝦仁及豬肉，用料實在，連醬汁都用肉汁熬過，老闆的用心你看得到也吃得出來。

兩角銀進來涼冬瓜茶

地　　址　台南市安平路366號
電　　話　（06）250-3699
營業時間　AM10.00～PM06:00，每星期二公休
價　　格　碳烤冬瓜糖、原味冬瓜糖100元；清香冬瓜茶、古早味冬瓜茶，小10元、大20元

西元1948年，因為舊台幣換新台幣，所以一杯冬瓜茶變成兩角銀，店家一直沿用這個名稱至今，保有老台南的舊情懷。

堅持手工及天然配方，兩角銀冬瓜茶不惜公開獻藝，將冬瓜茶的製作流程當成特色，供民眾參觀。另外，為因應不同客層，冬瓜茶的口味也分成傳統味、清香味及無糖等多種選擇，主要在冬瓜濃度及糖水增減上進行調配，讓你依心情選擇。而原本緊偎著大天后宮的兩角銀因為租約到期，目前已搬到安平路擴大營業，但店外還擺著尚未處理的大冬瓜，古早味仍容易辨識。

義豐冬瓜茶

地　　址　台南市永福路二段212號
電　　話　（06）2223779
營業時間　AM9:00～PM10:00，每週二公休
價　　格　冬瓜茶，小10元(小)、大20元；冬瓜塊一斤50元（一天僅50份）

接近店門，有一股濃濃的冬瓜味襲鼻而來，以冬瓜茶為基底的飲料，可以自由搭配選料，例如冬瓜粉圓、寒天冬瓜，或是蒟蒻冬瓜等，讓冬瓜更接近時尚而年輕。這裡不僅賣冬瓜飲品，也賣冬瓜原磚，每天限量五十份的冬瓜磚，一份四大塊，不到二個小時的時間就全數售完，假日更是一磚難求，老早就有人來排隊買著買一塊原汁原味的冬瓜塊。

信裕軒

地　　址　台南市中西區民族路二段389號
電　　話　（06）2285606
營業時間　AM10:00~PM10:00，全年無休
價　　格　烏糖香餅禮盒150元、杏仁粩120元、原味手作茶食（花生、芝麻）70元、郵送幸福牛軋糖150元

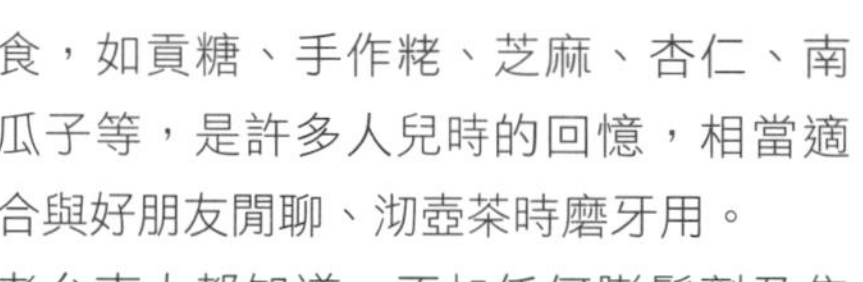

創始於日治時代，招牌「烏糖香餅」更是2007府城十大伴手禮之一。架上琳瑯滿目的各式手作及懷舊茶食，如貢糖、手作粩、芝麻、杏仁、南瓜子等，是許多人兒時的回憶，相當適合與好朋友閒聊、沏壺茶時磨牙用。

老台南人都知道，不加任何膨鬆劑及焦糖素的烏糖香餅是女性坐月子的聖品。將餅挖開，中間打入雞蛋，下麻油鍋加些龍眼乾和米酒下去煎熟後食用，就是產後補身子的聖品，老人家說，吃三粒香餅勝過一隻麻油雞的營養呢！

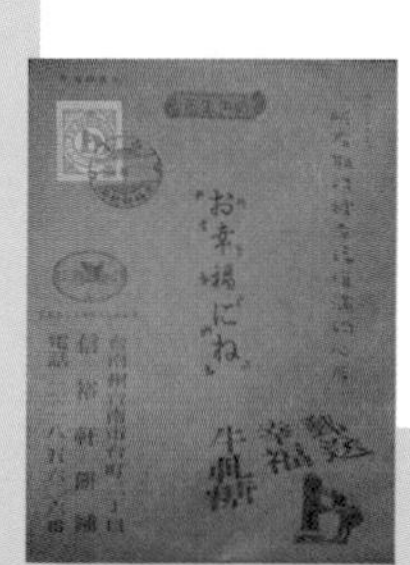

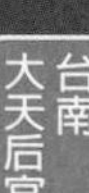

松村燻之味

地　　址　赤崁店：台南市民族路二段319號
　　　　　老店：台南市成功路鴨母寮市場內

電　　話　赤崁店：（06）2296398；老店：2230295

營業時間　赤崁店：AM11:00～PM10:00、老店：AM8:00～AM12:00。月休二日，休假時間多在週一。

價　　格　鴨翅100元（240公克）、鴨腱100元（230公克）、鴨舌頭100元（10支）、全鴨350元、全雞350元、百頁豆腐60元

一如往常，每天凌晨二點開始以特調的肉燥高湯，用溫火細細熬滷一小時餘，再經紅糖燻十五分鐘使其脫水、入味，每一項滷燻產品，都不需添加任何的調味醬汁，除本身具有的口感外，還泛著煙燻的獨特香氣，當天微亮時，貨車已經低溫配送到各個門市。

內行人都知道，想買鴨舌頭就要提早預約，而喜歡鴨翅或鴨腳的則要早點去買，不然晚上可會撲空，至於北部的上班族，時常團購來節省運費。如果你是魯味的愛好者，絕不能錯過這家煙燻魯味。

周邊景點

• 路程距離

1、從大天后宮開車至台南市各景點約20至35分鐘。

2、赤崁文化園區各景點，步行約10至20分鐘不等。

• 交通方式

搭車：

1、搭高鐵至台南站下，再轉搭高鐵接駁車（高鐵台南站—台南公園）於台南火車站下，轉市公車。

2、於台南火車站搭乘假日休閒公車或14路公車，均可到達各區域景點。

自行開車：

往赤崁文化園區

國道1號，台南交流道下，循縣182線往台南市區，經東門圓環，走北門路再左轉民族路便達。

往安平港國家歷史風景區

於台南市區往西走民權路到四段，或往西走民生路均可到達安平。

府城古蹟巡禮

台南市不僅是部活歷史，也是台灣的發祥地，走在路上，荷蘭時期、明鄭時期、清領時期、日據時期留下的建物，參差在現代建築中中，總帶來驚奇。而民權路上不少百年以上的古蹟景點與建築，讓這個文化古都，更值得你多花一些時間好好品味。

蓋在原本荷蘭城堡遺跡上的赤崁樓，是兩座閩南式閣樓建築，從光緒時期開始這裡便陸續發展。荷蘭時期重要的商業道路，也是台灣島上第一條街，歷史上稱為「普羅民遮街」的正是現在的民權路。現在的民權路上還留有許多百年以上的古蹟與建築，當時留下的歷

史及宗教軌跡，如赤崁樓、大天后宮、祀典武廟、大井頭遺址、陳德聚堂，與天壇與北極殿作連結，都是非常珍貴的百年建物。

遊完了「赤崁文化園區」，繼續往西向安平的「安平港國家歷史風景區」移動。這裡有荷蘭人佔領台灣時，在明朝崇楨七年時所建的「安平古堡」（熱遮蘭城），整座城堡以糯米汁、糖漿、砂與牡蠣殼粉所調製而成，至今保存良好。當時的安平古堡分為兩城，內城形方，共有三層，北門門額上還刻有T'CASTEEL ZEELDIA GEBUOWED ANNO 1634（熱蘭遮城建於1634年）的字樣。突出的稜堡附設有瞭望塔，稜堡作為砲塔之用，各有大砲五門，古堡內還有鄭成功石像。

肚子餓的話，這裡也有「延平老街」，先前沒吃到的台南小吃如蝦餅、豆花、蝦捲、蚵捲、蚵仔煎和蚵嗲等等，這裡都可以讓你填飽肚子。而再往南走，更可以到安平漁港看海、看夕陽，最後再以「億載金城」作結，觀古知今的歷史文化之旅，極具教育意義喔。

旗津 天后宮

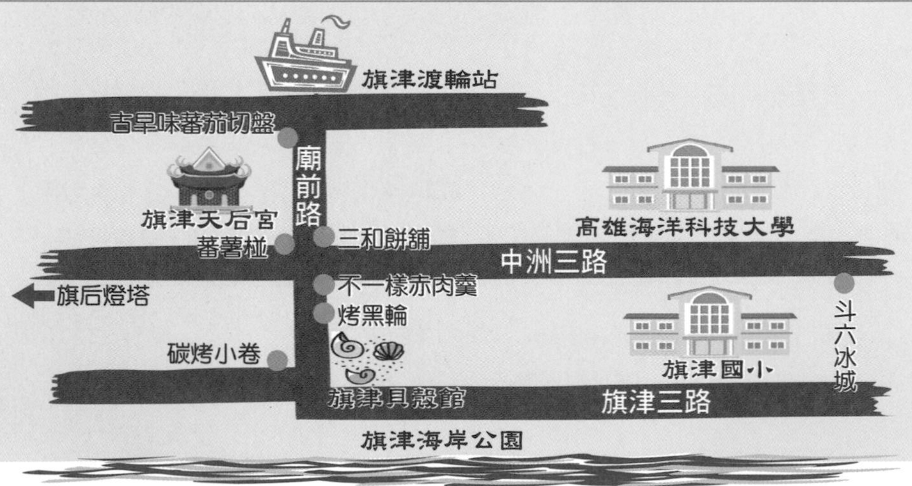

旗津渡輪站
古早味蕃茄切盤
廟前路
旗津天后宮
蕃薯椪
三和餅舖
高雄海洋科技大學
中洲三路
旗后燈塔
不一樣赤肉羹
烤黑輪
斗六冰城
碳烤小卷
旗津國小
旗津貝殼館
旗津三路
旗津海岸公園

基本資料大公開

地　　址 高雄市旗津區廟前路86號

電　　話 （07）372-4991

開放時間 AM5:00～PM10:00

主　　祀 湄洲媽祖

副　　祀 釋迦牟尼佛、虎爺將軍、觀世音菩薩、太歲、大成至聖、註生娘娘、順天聖母、齊天大聖、福德正神……等。

祈　　求 萬事皆可求

怎 麼 拜

共15個香爐，點21柱香，除天公爐、眾神爐及媽祖爐各插三柱香外，餘各爐皆插一柱香。祭拜順序：

拜天公→拜眾神→拜媽祖→千里眼→註生娘娘→順風耳→福德正神→大成至聖呂仙祠→觀世音菩薩→分靈媽祖→水師祿位→三山國王→王船→寄廟神位→虎爺（在正殿桌下，別忘了祭拜）。

禁　　忌 普渡眾生、百無禁忌

特殊文化慶典

農曆三月廿三日：媽祖誕辰，每三年遶境一次

文化導覽 無導覽服務

天后宮

評鑑	
文化古蹟評價	★★★★
交通路線評價	★★★★★
美味小吃評價	★★★
伴手好禮評價	★
週邊景點評價	★★★★★

創建歷史與傳奇故事

閩式建築的燕尾剪黏，輝映著廟埕上的大紅燈籠，位於高雄市旗津大街旁的旗后天后宮，三百多年來默默地守護著以漁業起家的旗津住民們，即使街頭遊客如織，熙來攘往，也不損其恢宏的氣度。

旗后媽祖廟建於清康熙十二年，是高雄市第一座媽祖廟，相傳在康熙十二年，閩籍漁民阿華因遇颱風而漂流至旗后，見此地為捕魚定居的好地方，便回鄉接眷屬們同來定居，同時說服故鄉的洪應、王光好、白圭、潘踄、李奇與蔡月等六人同行，並迎來故鄉的湄洲媽祖分靈渡海，特別搭蓋了「媽祖宮」。媽祖宮就是旗后天后宮的前身，是打狗現

存祠廟的廟祖，廟埕台階的花崗岩正是當年渡海所用之壓艙石。

以媽祖廟為中心的旗后逐漸發展，成為高雄地區第一個商業中心，乾隆年間將茅竹廟改建為石材廟，民國三十七年籌款重建，保存其原來的古樸風貌。民國七十四年被指定為三級古蹟，廟內的半浮凸泥塑為中南部特有的建築特色，而廟堂內尚存有清光緒十二年古銅鐘一口，以及光緒十五年的「普濟眾生」匾，牆上還留有日治時期的老照片，呈現廟前市集當年的熱鬧景像。

天后宮因年代久遠，且終年香火鼎旺，因此廟內的牆壁、屋頂到處是被香燻的痕跡，木刻的媽祖至今已是國寶級的神像。旗后地區由於靠海維生，因此廟宇眾多，人口近四萬，卻有五十位乩童，足見宗教活動之盛行，但天后宮始終居於「公」廟的地位，是住民最重要的信仰中心。

重點美食與道地小吃

旗津，舊稱旗后，是高雄最早的發祥地，早在西元一八七〇年代，打狗港成為重要的國際通商港口，當時的旗后國內外商旅雲集，天后宮前的舊街仔路就是最熱鬧的街道，可見各式貿易、餐飲林立。而今雖然商業重心已逐漸轉到新興的捷運商圈一帶，但旗津仍保有樸實的漁村景象，並成為高雄市旅遊的熱門景點。廟前路攤販及小吃林立，烤小卷、啖海鮮、吹海風，旗津已經發展出獨豎一格的南國迷人特色。

不一樣赤肉羹

地　　址　高雄市旗津區廟前路56號
電　　話　0929-369631
營業時間　AM10:00～PM7:30、AM 9:00～PM 8:00（假日），雨天公休
價　　格　肉羹，小35元，大50元、赤肉一份35元、肉燥飯25元

經營了三代，三十年開了三家肉羹店，「不一樣」到底有什麼不一樣？原來老闆將一條條醃過三小時的赤肉條放進熱油鍋中酥炸，再舀上一碗高麗菜為底的羹湯，炸過的金黃肉條放到羹湯內，就是一碗好吃的赤肉羹。

老闆薛漢鍾透露，選擇新鮮的溫體豬肉醃得入味後，裏上薄薄地瓜粉下鍋油炸，吃起來外酥內軟會「涮嘴」，還嚐得到肉汁，有鹽酥雞的感覺，就是他們赤肉羹好吃的秘訣。

蕃薯椪

地　　址　高雄市旗津區廟前路天后宮轉角
電　　話　0930-838397
營業時間　AM10:00～PM7:30，雨天公休
價　　格　蕃薯椪一顆7元，三顆20元

許多食客拿著撲克牌製的號碼牌排成長列，等待著鍋中熱騰騰的金黃蕃薯椪起鍋。「好燙！」剛起鍋的蕃薯椪口感就像麻糬般的Q軟，而夾著花生粉及砂糖的內餡透出了一股香氣，讓忍不住已先咬一口的人燙著了。

在這裡賣了二十一年的張媽媽，目前已有第二代接手熱鍋的油炸工作。她說，蕃薯椪是由新鮮地瓜加上地瓜粉揉成麵團，捏成一個個圓餅狀後再包入砂糖及花生粉。材料看起來並不特別，但手工很折磨人，得一個個揉製，無法由機器取代，不過這就是蕃薯椪好吃的重要原因喔。

胖媽咪碳烤小巷

地　　址　高雄市旗津區廟前路11號
電　　話　（07）571-7477
營業時間　AM11:00～PM6:00
價　　格　烤小卷，2支50元、3支100元

來到旗津，不吃上一支碳烤小卷，彷彿就白來一遭了。在廟前路底的胖媽咪小攤位，大大的掛上「碳烤」二個字，這可是一家二十年的老店，盧媽媽裡在碳火箱前，一邊看著木炭的燃燒程度，一邊翻烤著小卷。

被煙燻得幾乎睜不開眼的盧媽媽説，雖然同行都已經採用較方便的瓦斯來烤小卷，但老顧客仍然喜歡小卷上殘留的炭香味，因此二十年來她還是維持碳烤，儘管有些許的不方便，卻是保留了烤小卷最原始的美味。

烤黑輪

地　　址　高雄市旗津區廟前路56號
電　　話　不提供
營業時間　AM10:00～PM10:00，每星期二公休
價　　格　烤黑輪12元、煮黑輪8元、燒肉飯30元

赤肉羹旁，飄來陣陣的碳烤香味，頭髮近斑白的謝媽媽賣力的烤著一串兩片的黑輪。別小看這黑輪片薄薄的，它可是特選旗津在地的新鮮魚漿製成，要吃炭烤口味，謝媽媽指定要薄片才會有酥脆的口感。

由於魚漿製成的黑輪烤過後容易焦，所以必須不斷翻面、刷醬，最後才灑上花生粉。一口咬下，外皮果然很酥脆，如果不是親眼看完整個燒烤過程，會錯以為是油炸的，而醬料加花生粉的甜鹹口味，非常獨特，果然很有南部FU。

斗六冰城

地　　址　旗津區中洲三路450號
電　　話　（07）571-3850
營業時間　AM10:00～PM10:00
價　　格　紅茶冰淇淋30元、餅乾冰淇淋18元、桔仔雙色冰淇淋30元、綜合冰淇淋30元

離旗津渡輪站約五分鐘的路程，一問之下，老闆劉先生果真是從斗六搬到旗津來的——原為駐區的員警，因職務調動而到高雄，而所有的製冰方法都是老闆娘回斗六老家跟故鄉的叔叔學的，直到劉警官退休後開始全職加入經營，而這一做就是三十年。

斗六冰城有各式的冰淇淋製品，人氣最旺的要屬雙色冰淇淋。五、六球的冰淇淋放在一個杯子裡，顏色好看極了，沒有添加物的口感，吃得到最純真的感動。至於紅茶冰淇淋，則是一杯加了五球鮮奶冰淇淋的紅茶，既有冰淇淋的綿密口感，還喝得到冰紅茶，既消暑又解渴。

早味蕃茄切盤攤

地　　址　高雄市旗津區廟前路127號
電　　話　0936-426882
營業時間　AM8:00～PM10:30
價　　格　蕃茄切盤30元、木瓜牛奶40元、各式新鮮果汁

來到旗津，你絕對不能錯過！首次接觸蕃茄切盤的人也許當下不能立即接受那層次多元的口感，然而離開後才會發現這種特有的吃法，是會令人懷念的。

除了新鮮的蕃茄外，最重要的就是特製的沾醬，以甜醬油膏、薑泥、白糖、甘草粉調製而成的醬汁，結合了甜、酸、嗆、甘、鹹、辛、香等不同的氣味，讓味覺產生了奇妙的變化。六十多歲的林太太已經在旗津賣了四十年的古早味蕃茄切盤，現在則由媳婦接手經營，而最提味的沾醬則是不必死守的公開秘方，只是各家比例調配不同，但老顧客還是會依著自己最原始的味覺及嗅覺，找到好吃的方向。

三和製餅舖

地　　址　高雄市旗津區中洲三路540巷8號（旗津公有市場內）
　　　　　高雄市旗津區廟前路92號（旗津天后宮廟前）
電　　話　（07）572-1973
營業時間　AM10:00～PM9:00（假日到10點），每月第一、三週的星期二公休
價　　格　白香餅15元個，圓鳳酥20～25元

以中式傳統喜餅起家，旗津地區老字號的餅店，從清光緒二十一年開設至今已有百年以上的歷史了。無論是位於公有市場內的樸實小攤，或是廟前充滿新式復古風的旗艦店，均擁有許多新舊顧客的支持，也成為旗后地區最熱門的伴手禮。

沿襲了五代的好手藝，外形酷似太陽餅的招牌白香餅，至今仍是許多旗津地區老人家每天搭配豆漿或牛奶的必吃早點。而中國遊客來台必買的鳳梨酥，在這裡則稱為圓鳳酥，少了一點西式糕點的奶味，多了濃濃土鳳梨的味道，就是道地南部的熱情風格。

乘渡輪、賞古蹟、玩沙灘

閒逸的南國風情

來到旗津，可不要吃了美食就拍拍屁股走人，這裡有熱鬧的旗津老街、海風吹拂的海水浴場，還有風車公園。沿著海岸線右行，還可到旗后砲台、旗津燈塔、高字塔等地爬山，呼吸海岸邊獨有的海風味。

旗津是打狗的發源地，也是高雄市最早的海港，孤懸島外，與打狗山對峙而立，為內外船舶往來津渡之處。「旗津」的地理位置剛好可以為高雄港抵擋飄沙、強浪，因此成為高雄港的最佳屏障。面積約二平方餘公里的旗津包括旗后、中洲兩大部落，沿岸散落著八個大小漁村，原本只能靠著渡輪與高雄往來，一九八四年過港隧道通車後，讓旗津地區的旅遊資源更加豐富，原本逐漸沒落的漁村，又開始再現繁華。

來到高雄，沿著西子灣開始，就

是一趟豐富的海景之旅。結合西方設計與東方巧藝之舊英國領事館，歐洲新文藝復興風格的迴廊磚柱，有維多利亞時代的洋樓特色，古典的用色及滄桑的過往，謀殺了許多遊客的底片，從這裡從上下望，可以盡覽高雄港之美景。

來到鼓山渡輪站，搭上前往旗津的渡輪開始，是一趟特別的觀光旅程，目前全台只剩淡水及旗津還有交通船往來。上船前如果時間允許，先來一碗比臉還大的水果冰，保證消暑驅熱。

遠遠那端，旗後與鼓山對峙著，由文人組成的「旗津吟社」，曾經有「旗鼓相當、維揚我武；津梁鞏固、克壯其猷」的聯語，坐在渡輪上，看著旗鼓相當的壯闊，有種了然於胸的情懷。

抵達旗津碼頭後，你可以攔輛觀光三輪車快速遊覽旗津，也可以在旗津派出所前借輛免費的觀光自行車，乘著風沿著海岸線，一賞高雄最大規模的海岸公園，沿途還有自然生態區、越野區和觀海景觀步道區，可供遊覽。

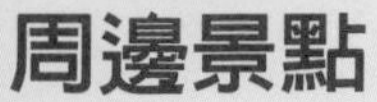

周邊景點

沙灘一旁白色與藍色交織的建築是旗津觀海平台，從海岸延伸至海中，遊客可站在觀海平台上欣賞海浪的壯麗景色，黃昏時的沙灘落日，更增添了浪漫的氣氛。而在旗津海岸公園遊客中心二樓，有著名的高雄旗津貝殼館，展出約有兩千種的貝類和約兩百種的蟹類，收藏規模堪稱國內最大。

最後，沿著旗后燈塔、旗后炮台、珊瑚礁地形，到古隧道景點聆聽海潮聲，一趟下來讓人充分體驗旗津的多元之美。

周邊景點

路程距離 搭渡輪至旗津後，以上景點步行或開車約10～30分鐘不等。

交通方式

搭車：

高鐵：乘著高鐵至高雄左營站下車後，轉乘高雄市政府免費接駁公車「左營至鼓山輪渡站」，搭乘渡輪至旗津。

火車：乘台鐵至高雄站下車後，到一旁的公車總站搭任何往渡船頭方向的公車，或隨時注意當天有無「免費觀光公車」可到鼓山渡船頭。而到旗津後，可租用自行車或乘坐懷舊觀光三輪車遊覽。

自行開車

開車：1、中山高（國道1號）終點中山交流道下，接漁港北路，遇新生路左轉直走，即有路標指示往過港隧道，沿著中洲路走即可達旗津。

2、前鎮中洲渡輪航線除提供一般乘客搭乘外，亦可載運汽車，對開車族而言是另一種不同的選擇。

屏東 慈鳳宮

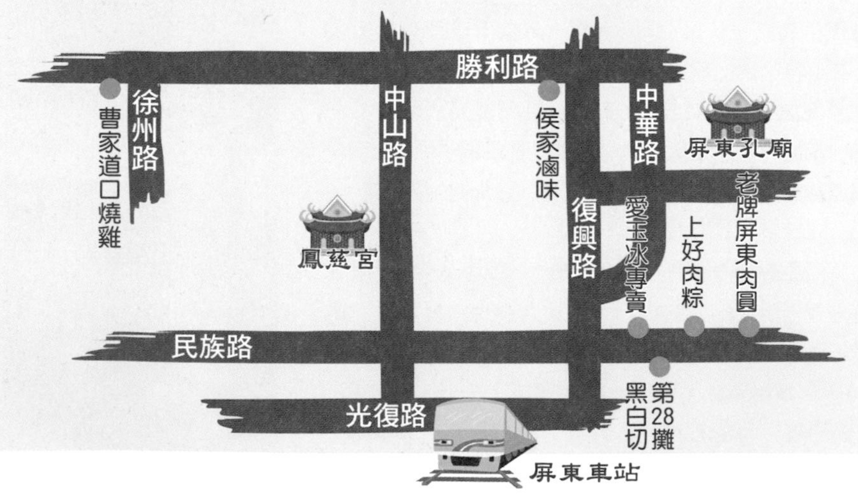

勝利路
徐州路
曹家道口燒雞
中山路
侯家滷味
中華路
屏東孔廟
復興路
愛玉冰專賣
上好肉粽
老牌屏東肉圓
鳳慈宮
民族路
光復路
第28攤黑白切
屏東車站

基本資料大公開

地　址 屏東市中山路39號

電　話 （08）732-2967

開放時間 AM5:00～PM10:00

主　祀 媽祖

副　祀 送子觀音、文昌帝君、太歲星君、觀世音菩薩、註生娘娘、七夕娘娘、境主尊王、福德正神、十八羅漢、玉皇大帝、三官大帝、南北星君、保生大帝等。

祈　求 萬事皆可求

怎麼拜 共點15柱香。祭拜順序：一樓媽祖殿6柱香→二樓觀音殿→三樓玉皇殿3柱香→五樓6柱香。

禁　忌 百無禁忌

特殊文化慶典

農曆新年期間：大年初一開廟門、搶頭香，廟方提供點光明燈、寫祈福卡、安太歲、過七星橋、拜文昌君等活動。

農曆正月十五日：元宵燈會，廟方祈平安龜、金龜，準備平安圓供信眾們享用。

農曆三月廿三日：媽祖誕辰有盛大祭典儀式，廟方並煮壽麵分享。

國曆九月前，考生向文昌帝君謝恩法會。

文化導覽 可於一週前電洽慈鳳宮管理委員會

慈鳳宮

評鑑

文化古蹟評價	★★★
交通路線評價	★★★★
美味小吃評價	★★★
伴手好禮評價	★★
週邊景點評價	★★

創建歷史與傳奇故事

台灣最南邊的屏東市是昔日平埔族阿猴社民所居之地，故有「阿猴」的稱號。屏鳳宮距離屏東火車站只有五十公尺，終年香火裊繞，是當地最大也是最古老的信仰中心，鎮殿媽祖也尊稱為「阿猴媽」，是屏東人最重要的守護神。

慈鳳宮媽祖香火相傳是一位僧人在明朝永歷年間從福建湄洲所帶來，當時原是暫時將神像供於官衙之中奉拜，希望能防匪禦寇。只是每到半夜，「香火」發出紅光閃爍，大家都覺得不可思議，便認為是聖母顯靈，於是建議建宮恭奉。然而，當時的「宮」也只是個草寮，並無媽祖金身。直到清乾隆十一年

完成擴建，並於道光五年再度改建，同時正式定名為「慈鳳宮」。

地方上關於阿猴媽祖神跡的傳説很多，民國三十三年秋天二次世界大戰開始，十月十六日同盟國戰機首次轟炸屏東市，市民數百人倉皇逃進廟內，在一片槍林彈雨後，周遭一片火海，幾乎被夷為平地，慈鳳宮雖也中炸彈24顆卻未爆炸，大家都深信是媽祖顯靈救了大家。

慈鳳宮曾歷經祝融及五年時間整修，在地方人士募資修護，而擴建至今的規模讓整個外觀修築得金碧輝煌，在樸實的鄉鎮中非常光芒耀眼。而廟方也善盡社會責任，每年開放清寒學生的獎學金、市民急難救助的申請，同時也長期贊助義消及義警的經費及春安工作，並開辦「聖母學苑」免費進行國學、易經、六祖壇經等教學工作，真正護佑屏東人。

重點美食與道地小吃

來到屏東，立刻會感覺到迎接你的熱情太陽。這是個農業縣市，地方小吃當然也洋溢著濃厚的鄉土氣息——沒有華麗的包裝和重視排場的用餐氣氛，在這裡吃東西最能體會「俗擱大碗」的實在。鄰近慈鳳宮的民族路夜市是屏東市小吃的聚集地，也是典型的南台灣夜市，小吃匯集，料理包羅萬象，而南台灣的人情味，也是小吃最佳的調味料。

老牌屏東肉圓

地　　址　屏東市民族路第69攤
電　　話　（08）732-9357
營業時間　AM4:00～PM2:00，全年無休
價　　格　肉圓30元（每粒十元）；豬血湯，小20元，大30元；魚丸湯，小20元，大30元

一碗三粒或四粒的肉圓，配上一碗多到快溢出來的豬血湯，就是最正宗，也是遊子返家必定要回味的吃法。溫體豬赤肉加上紅蔥頭和肉桂調味後，外皮以在來米漿和地瓜粉裹成圓狀，再送入蒸籠裡，食用前淋上蒜汁及甜鹹醬，屏東肉圓是台灣最早以「蒸」的方式調理的肉圓。

老牌肉圓由一家三兄弟共同經營，每天清晨四點就開賣，為了就是那些需要清早工作的貨車司機和勞工兄弟們，而這一賣就是七十年。

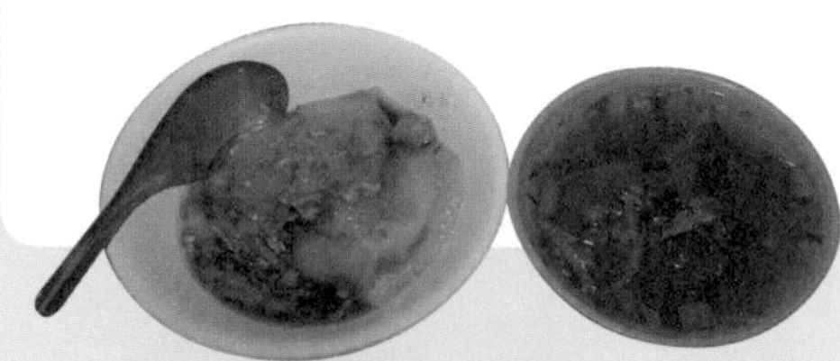

第28攤黑白切

地　　址　屏東市民族路57號
電　　話　（08）732-2992
營業時間　AM9:00～PM12:00，每個月不定時休二天
價　　格　肉圓、米粉均20元；粉腸、大腸均30元；花枝、魚蛋均60元

沒有招牌，卻總是擠滿等待點菜的客人，經營了六十年的攤位目前由第三代掌廚。炒米粉和肉圓是看起來比較像正餐的選項，然而滿滿的切料——白蘿蔔、豬皮、魚蛋、花枝、粉腸、大腸、米腸、肝連、韭菜、章魚，才是真正經典。

蔡老闆説，開店前光是處理這些切料，就需要大費周章。尤其是最受歡迎的自製粉腸，製作過程可是一點都不能馬虎。而黑白切最重要的靈魂調味醬——海鮮要沾糖醋醬、豬內臟則附醬油及辣椒醬，也是特調。每天還有免費的大骨柴魚湯無限量供應，難怪高朋滿座。

上好肉粽

地　　址　屏東市民族路23~25號
電　　話　（08）733-7886
營業時間　24小時，全年無休
價　　格　招牌肉粽，大55元，中45元，小35元；花生粽25元

這間屏東歷史最悠久的粽子專家，早在民國七十二年便利商店還沒有普及之前，就打破傳統作法，二十四小時營業了，當時為了照顧夜間趕路的客運或貨車司機，沒想到卻引領了不打烊的風潮。

上頭灑著厚厚一層花生粉的上好大肉粽，一顆足足有兩碗飯的份量。肉塊大，加上蛋黃、蓮子等內餡，俗擱大碗，是許多勞動階層朋友的最愛。內用還附湯，要你吃到打嗝才滿足的走出去。

經營了四代，已經有八十年的歷史，光一個端午節就能賣出兩萬七千多顆，原來是早期便率先採用了中央廚房來控管品質和數量，才能屹立不搖。

愛玉冰專賣店

地　　址　屏東市民族路38號前
電　　話　（08）733-5640
營業時間　AM9:00～AM2:00
價　　格　純愛玉20元、愛玉檸檬20元、粉圓冰20元

民國十二年開賣至今已傳到第三代，老字號店家已經在屏東屹立八十五年了。只選阿里山的野生愛玉籽，去殼後用紗布包裹，再以手搓洗十分鐘後，待愛玉凍凝結，加上剉冰及檸檬汁，就是最天然好吃的愛玉冰了。

純手工製作，沒有添加人工色素，天然的愛玉原色看起來色澤淡黃，呈現果凍般的透明感，加上來自高山，口感較嫩。屏東天氣炎熱，吃愛玉冰幾乎不分季節，只見老闆娘忙碌地切愛玉壓檸檬加剉冰，一碗又一碗，手都沒有停過。

侯家滷味

地　　址　屏東市中正路169號
電　　話　（08）732-4037
營業時間　AM6:30～PM8:00，全年無休
價　　格　鹽水鴨，1斤165元（一隻鴨約400元左右）、滷鴨舌頭200元、燻鴨165元、冰糖醬鴨，1斤170元

五十多年歷史，最夯的伴手禮非它莫屬，每逢年節放假，在屏東服務的阿兵哥們最常以鹹水鴨作為饋贈親友的高級禮品。招牌鹽水鴨不但選嘉義以南的蘆鴨，體型、重量還要維持在3.5至4台斤之間。每天預先以三十多種香料醃浸四至五個小時後，清晨四點半準時開爐，六點半店面一開，已有趕早班火車的遊子在門外等著帶上一包北上工作或求學。一隻鹽水鴨可以切二盒，採真空包裝所以能放二個星期左右，吃不完還可以加上冬粉或鹹菜煮成冬粉鴨或鹹菜鴨。而鴨舌頭、滷牛肉、滷大腸等也是許多老饕們的最愛，有時若無事先預訂，常會抱憾而歸。

曹家道口燒雞

地　　址　屏東市勝利路219號
電　　話　（08）765-6075
營業時間　AM8:00～PM7:00，只有休農曆大年初一
價　　格　半土雞，1斤220元；雞腿，2支120元；雞翅，12支150元

勝利路附近的眷村群聚著很多民國三十八年大陸撤退來台的老兵，閒暇時他們便自製出各省不同的家鄉小吃，而「道口燒雞」則是脫穎而出的好伴手。

被慈禧太后指定為貢品而聲名大噪的道口燒雞，在屏東已經有五十年的歷史了。選自上等好雞，經油炸封住肉汁後，再用甘草、當歸、茴香等十幾種中藥醃七至八小時，接著再煙燻。吃的時候不需再沾醬，直接用手扒著吃就行。

第二代的郭老闆說，這道原是河南省道口縣的特製美食，放涼冰藏後不需加熱仍格外好吃，年節前都要先預訂才買得到呢！

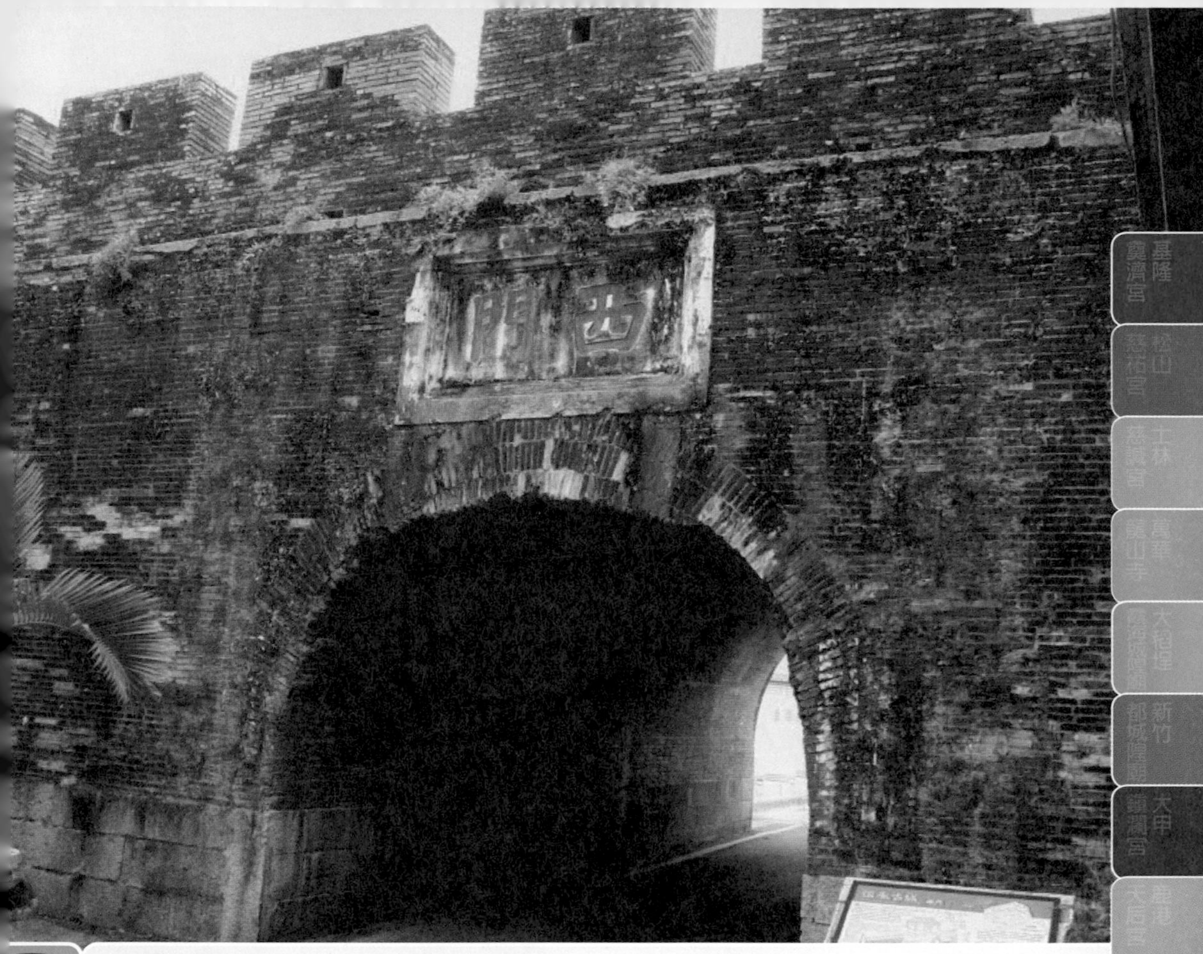

周邊景點

路程距離 1、從屏東市出發遊完海角七號各景點，開車往返約需要一天時間。

2、從屏東市開車至大鵬灣及東港，大約一個小時。

3、從屏東市開車至恆春、墾丁，大約兩個小時。

交通方式

搭車：高雄和屏東火車站，以及台鐵左營站，均有往恆春、墾丁方向的客運、觀光巴士或接駁專車可供選擇。

自行開車：

往東港、大鵬灣

1、國道1號下小港機場交流道後左轉，沿台17線濱海公路往東港方向，經東港大橋右轉，往東港市區。

2、國道3號下林邊交流道右轉，接台17線濱海公路往東港方向，經東港大橋右轉，往東港市區。

往恆春、墾丁

往南走台1線屏鵝公路，便可到車城與恆春等海角七號拍攝景點。

國境之南，海角七號之旅

感受「阿猴」的人文風情

嘗完屏東小吃，可以先到有著濃濃文化氣息，最適合漫步的屏東書院。位於阿猴街東（現在的中山公園）的屏東書院又稱屏東孔子廟，於民國二十六年改建。台灣目前依照原形保存的書院，只有屏東書院及澎湖文石書院，所以這座古色古香的古建築，便顯得格外珍貴。

屏東孔廟內部分前後殿、東西廂房，後段另有左右翼房。山門到大成殿（前殿）之間，是一個很寬的庭院，中間走道以紅磚鋪成，其餘皆覆蓋草皮，紅綠相映，色彩鮮明。除山門外，書院建築還有著南部建築獨有的——前後殿之間以蓋軒亭相連的特色。

除了屏東孔廟外，原本的東、南、西、

北四座城門，目前僅剩下朝陽門，它也是當初阿猴城的東門，由民間私下建築的守望門，在台灣的城門興建史中也有著相當特殊的地位——有別於一般官築的城門，見證了屏東的發展歷史軌跡。朝陽門和阿猴城內的屏東書院及孔廟，都是屏東首屈一指的古蹟，極具文化觀光價值。

如果時間足夠，又想當陽光男孩、女孩的話，可以往南繼續前行到東港大鵬灣，大啖生猛海鮮。再繼續往「國境之南」走，到了屏鵝公路枋山段，車速就要減慢，因為這裡可是喝咖啡、聽濤賞浪之處，相當愜意。當然，如果已經安排了兩天一夜以上的行程，四重溪溫泉與「海角七號」的恆春古城更是你不能錯過的地方。

巡訪「友子阿嬤」和「阿嘉」的厝……

在進入恆春鎮前，來到車城鄉，別忘了先來電影場景中喜宴舉行的地點鄉拍個照。射寮村代巡宮廣場和演唱會徵選樂手的車城活動中心，因電影一炮而紅，遊客如織。水底寮路邊的7-11是男主角阿嘉吃黑輪的地方，店門口還張貼了海報及追星地圖服務前來的粉絲。到了友子和巴士司機爭執不下的恆春西門開始，請你先克制自己的興奮之情，同時張大眼睛——沿路都有拍片場景，帶你重溫電影的記憶。

追星族列出超過廿處拍片場景，從西門開始，進入恆春老街。來到光明路90號的阿嘉家，願意的話付個五十元，還可以上樓看看阿嘉的床及吉他。接著到東城門的茂伯家，還有水蛙工作的機車行，然後還有滿洲鄉友子阿嬤的海角七番地……。路上別忘了勞馬的滿州警察局，還有夜間望海的浪漫萬里桐海岸。如果時間上允許，你也可以到大大彈琴的佳冬鄉忠孝街的教會一遊，或是到田中千繪所飾演的友子所住的夏都飯店品嚐下午茶，體會一下海角七號的魅力！

繼續來到墾丁，從南灣開始，熱帶海洋馬上進入眼簾瞭望墾丁的青蛙石、船帆石，還可以到貝殼沙展示館看看展覽。接著可以一路直行到鵝鑾鼻及龍磐公園，別忘了！傍晚的關山夕照也將令你終生難忘。最後，晚上在墾丁逛大街，體驗一下南國的休閒風情，享受愉快的人潮與歡笑。

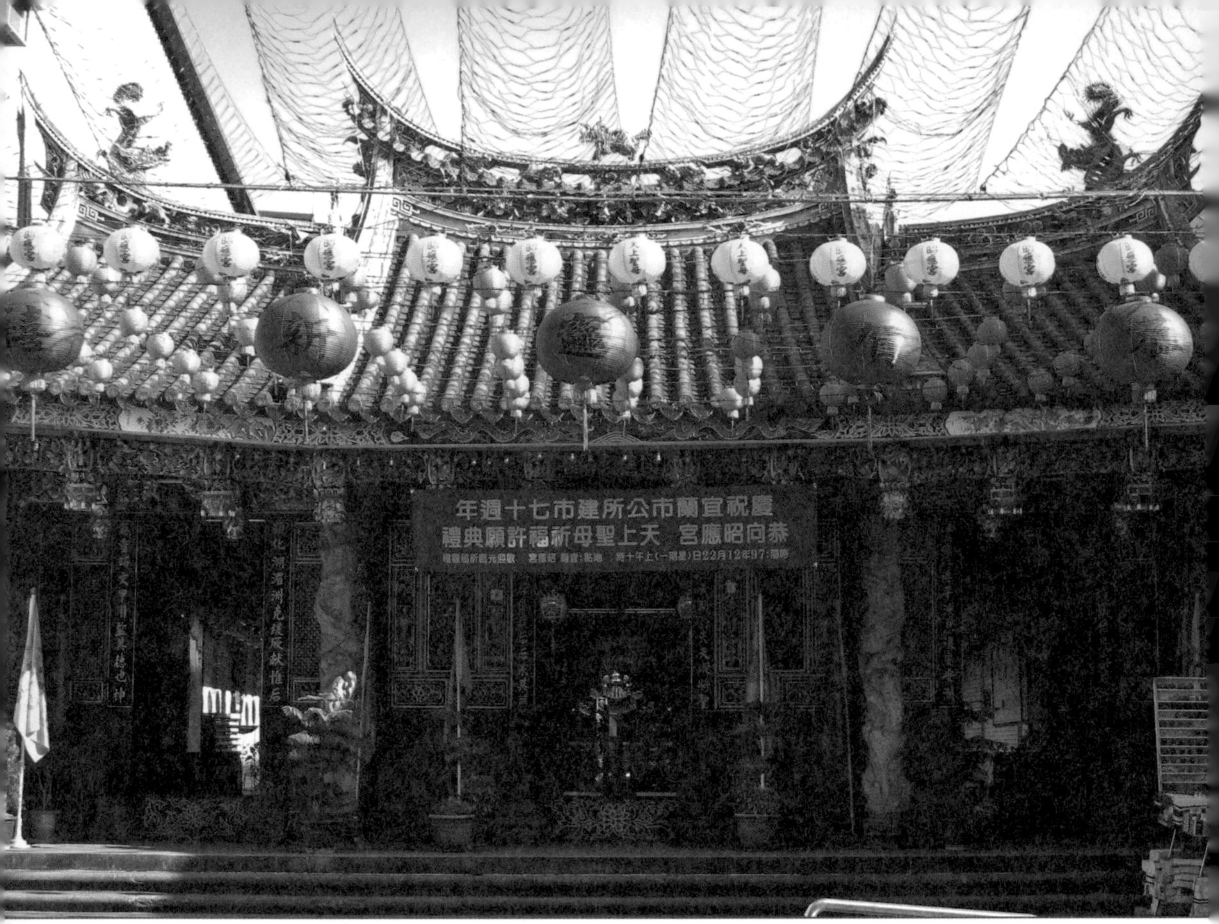

宜蘭 昭應宮

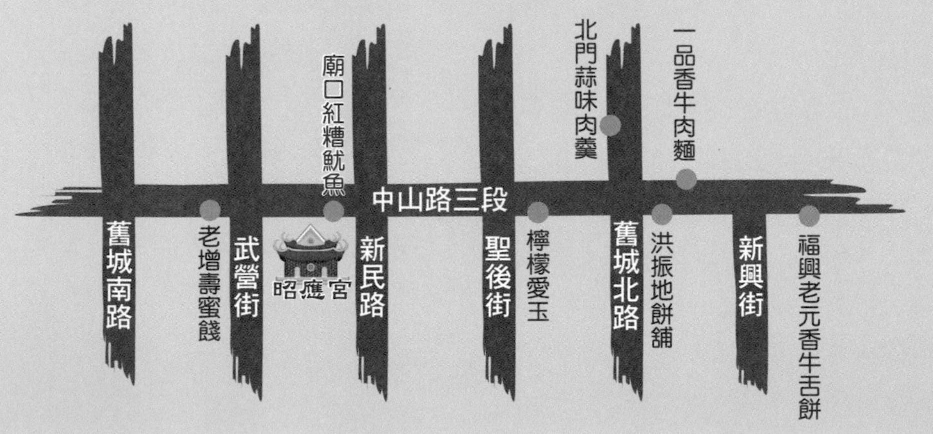

廟口紅糟魷魚
北門蒜味肉羹
一品香牛肉麵
中山路三段
舊城南路
老增壽蜜餞
武營街
昭應宮
新民路
聖後街
檸檬愛玉
舊城北路
洪振地餅舖
新興街
福興老元香牛舌餅

基本資料大公開

地　　址　宜蘭縣宜蘭市中山路106號
電　　話　（03）935-3536
開放時間　AM8:00～PM20:00
主　　祀　媽祖
副　　祀　後殿一樓祀觀世音菩薩、註生娘娘；二樓供水仙尊王，左龕供三大老——開發宜蘭有功三位名宦木雕像，楊廷理（中）、翟淦（左）、陳蒸（右）。
祈　　求　萬事皆可求
怎 麼 拜　共有7個爐，參拜者準備10支，除主爐為三柱香外，其餘皆上一柱香，依順序祭拜為：媽祖→天公→觀世音菩薩→註生娘娘→福德正神→水仙尊王→三大老。
禁　　忌　家有喪事未滿百日者不宜入廟

特殊文化慶典

農曆大年初一：香客可享用廟方提供的素餐：油飯、素粥和湯圓。

農曆三月廿三日～廿五日：媽祖誕辰，廟埕有慶典儀式，包括各方來朝拜之表演團隊。

文化導覽　無導覽服務

昭應宮

評鑑

文化古蹟評價	★★
交通路線評價	★
美味小吃評價	★★
伴手好禮評價	★★★
週邊景點評價	★★★

創建歷史與傳奇故事

宜蘭市區繁華的街道旁，隱藏著一座古色古香的廟宇，它正是宜蘭縣目前唯一的三級古蹟——昭應宮。

清嘉慶十三年(1808年)建廟的昭應宮，是宜蘭當地的信仰中心，更是民眾聚會閒談、官府貼公告的場所。日治時期的文化協會就曾在廟埕廣場舉辦講座，而抗日領導人蔣渭水與蔣渭川兄弟亦在後殿組織「讀報社」，宣揚民主思潮，顯示出昭應宮在宜蘭的地位與重要性。

主祀媽祖的昭應宮，不叫媽祖廟乃因當年是由皇帝所勅建（昭應是歷代皇帝對媽祖的褒封），初建之時依傳統坐西朝東，面向大海，有佑護海上生靈之意。道光十四年（1834年）整座廟宇

搬到對面，格局擴大為三殿式，然而方位卻改為坐東朝西，變成台灣唯一面山的媽祖廟。據説，改向後當地必然「科甲聯登」，果然文風大盛，同治七年（1868年）出了首位進士楊士芳。

改向後的昭應宮，雖然歷經數次重修，但廟宇格局及木雕石刻仍保持道光年間的原貌，稱得上是廟裡的的鎮殿之寶。

值得一提的是，昭應宮獨特的蟠龍石柱，除了一般的龍飾外，還有象徵福氣的蝙蝠，是台灣罕見的龍柱雕刻。此外，正殿媽祖神像上「澤覃海宇」的匾額為道光皇帝御筆所賜，也是廟中最老的古匾。昭應宮不論在歷史條件、建築組構、裝修手法或材料選用上，均是蘭陽地區的經典之作，其中保留的珍貴歷史古物，匯聚了宜蘭人淳樸善良的信仰，喜愛古蹟的民眾，別忘了到此一遊。

重點美食與道地小吃

進入宜蘭市區，總是給人一種遠離大都會的悠閒舒適感。舊城內的街道仍維持著過去房舍的樣貌，百年老店互相比鄰，舊時光彷彿就這麼凍結在那兒，不禁讓人放慢腳步細細品味這特殊的蘭陽氣息。

特別的是，市中心的昭應宮雖為當地的信仰中心，卻未如同其他鄉鎮信仰中心一般，延伸出一個特有的廟口小吃商圈，反而是散落在城中的各個街道小巷，讓你得放慢腳步閒晃才能有驚喜發現。

據當地人所述，過去宜蘭人生活相當單純，鮮少外食，每日工作之後便趕回家中吃飯，享受天倫之樂，因此並未以廟宇為中心發展出繁華的商圈，成了今日這樣一個特有的人文地貌。然而，宜蘭雖然少了小吃街的熱絡快感，卻也多了一份恬靜與閒適，喜歡緩慢步調的玩家，不妨到宜蘭享受特有的人文風情。

老饕必吃

廟口紅糟魷魚

地　　址　宜蘭市中山路106號（昭應宮前廣場）
電　　話　（03）936-6556
營業時間　週一至週五：PM7:00～PM3:00；週六日、假日：PM18:00～PM3:00
價　　格　紅糟魷魚 320元、香菇粥25元

晚上來到宜蘭市區，不能錯過這家位在昭應宮廟前廣場的紅糟魷魚，每到傍晚時分，老饕們總是一下子就把小小的廣場擠得水洩不通。

老闆熟練的先把發泡過的乾魷魚用紅糟醃製入味後，再用大火下鍋炸，外酥內Q的魷魚，咬下去的剎那，特有的鮮味和紅糟的古樸味一同湧現，再配上一口特製的泡菜，酸甜的滋味立刻化開油炸的黏膩，讓人忍不住一口接一口。這裡還有精心熬煮的香菇粥，在涼颼颼的露天廣場上喝上一碗，保證全身暖呼呼。

北門蒜味肉羹

地　　址　宜蘭市舊城北路141號
電　　話　（03）932-4293
營業時間　週一～週六：AM9:00～PM12:30；週日：AM9:00～PM6:00
價　　格　蒜味肉羹＋米粉、冬粉、粿仔、麵，皆40元

傳承超過四十年，昭應宮附近大名鼎鼎的蒜味肉羹，每天大爆滿，排隊都排到路口去了。

採用大骨熬湯、大蒜爆香，再以木耳、竹筍等食材增加羹湯的口感。肉羹更是每天在店門口現做，採用整塊的新鮮黑豬里肌肉，裹上太白粉後烹煮，口感滑順又富彈性。第一次吃的客人，一定會對湯裡多如星斗的新鮮蒜末嚇到，令人訝異的是，新鮮的蒜末卻出乎意料的不辛辣，反而透出濃濃的香味，吃完讓人意猶未盡。

一品香牛肉麵

地　　址　宜蘭市中山路三段235號
電　　話　（03）935-3370
營業時間　AM11:00～PM8:00，全年無休
價　　格　牛肉拌麵、牛肉麵，均小80元、大90元

開店三十五年，台北牛肉麵節宜蘭的參賽隊伍，以「乾拌」方式著稱，不負眾望地拿到最佳人氣王寶座。

招牌乾拌麵採用土產水黃牛肉，肉質細緻，無論是老人或小孩都能輕鬆下嚥，而淋上的精製特調醬汁，再佐以黑醋和蔥花，這一顛覆料理，讓客人回味無窮。原只賣乾拌麵的老闆，這兩年為滿足客人的需求，新增了牛肉麵和湯麵，並堅持選用牛肋骨肉配上數十種中藥燉湯，吃起來不但香醇入味，牛肉也是入口即化。

檸檬愛玉

地　　址　宜蘭市中山路三段156號
電　　話　無
營業時間　AM10:00～PM11:00，老闆強調風雨無阻
價　　格　檸檬愛玉30元、百香果＋多多30元

這間三十年老店的檸檬愛玉，實際上已經有四十年歷史，目前由超過七十歲的阿伯和兒子輪流顧攤，風雨無阻全年無休，天氣好的時候甚至營業到晚上十二點。

為了避免檸檬在榨汁後放久了而變苦澀，所以招牌的檸檬愛玉，老闆堅持現榨。而百香果加多多的愛玉更是一絕——酸甜的百香果味，入口後還可嘗檸檬香味，搭上養樂多的絕妙滋味，果香滿溢濃厚。最重要的是，老闆堅持不加冰塊，數十年的品質保證，絕對值得一嘗。

洪振地餅舖

地　　址　宜蘭市中山路三段230號
電　　話　（03）933-2745、0935-018359
營業時間　AM8:30～PM8:00
價　　格　李仔糕56元、綠豆糕56元、黑糖糕56元，均20個裝。

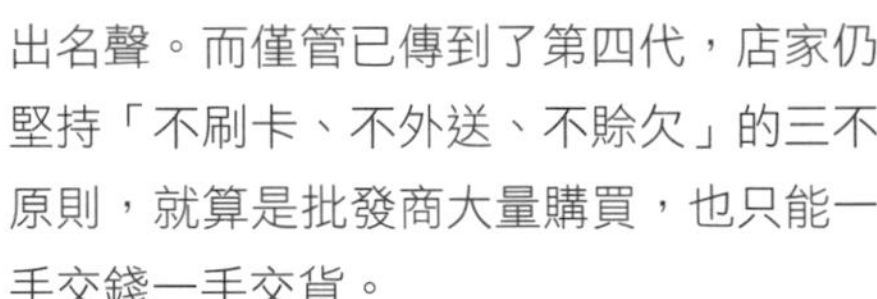

日治時代物資缺乏，餅店只好研發能放得比較久的食物，而糕類正好適合儲藏，沒想到卻因此打出名聲。而僅管已傳到了第四代，店家仍堅持「不刷卡、不外送、不賒欠」的三不原則，就算是批發商大量購買，也只能一手交錢一手交貨。

然而，低調的餅店卻沒能逃過饕客好吃的味蕾，再傳統不過的李仔糕，讓人一嚐就上癮。20個才賣56元的各式糕點實在便宜，出爐後還得自己裝盒自己算錢。就算已經提供宅配服務，包裝上依然傳統，不靠外表，就是要用真材實料與大家搏感情。

福興老元香牛舌餅

地　　址　宜蘭市中山路三段324號
電　　話　（03）936-2557
營業時間　AM9:00～PM10:00，全年無休
價　　格　牛舌餅提袋包裝160元；各式牛舌餅，單包60元

從清同治十年在宜蘭做出第一片牛舌餅開始，流傳至已經超過一百卅年，也承襲了五代，並開枝散葉，所以街頭常可見到掛著「老元香」招牌的牛舌餅。

牛舌餅主要由麵粉、砂糖、蜂蜜、奶粉、豬肉捏製而成，經過手工反覆搓揉後再烘烤。老元香好吃之處就在於遵循古法手工製作，口感和機器製作的不同。

宜蘭牛舌餅原本就薄，近幾年還愈做愈薄，像餅乾脆片一樣，口味也更多元，但仍保持香脆的本質。第四代經營人表示，吃牛舌餅可以先看看兩側是否有鼓起，因為鼓起之處，就是好吃的精華所在。

老增壽蜜餞

地　　址 老店：宜蘭市中山路三段68號，新館：宜蘭市中山路五段240號
電　　話 （03）932-2555，可網路下單宅配
營業時間 AM 9:00～PM10:30
價　　格 金棗汁（玻璃瓶裝）220元，楊桃糕180元

1861年創始至今已超過一百年，原本是中藥鋪的老增壽，從第一代創辦人利用宜蘭盛產的金棗、楊桃醃漬做成顧嗓潤喉的天然食品，到第二代獲選進貢日本天皇，至今已傳承到第五代。

最著名的金棗汁和楊桃糕，熱水沖泡稀釋後飲用，不但生津止渴，更有潤喉的功效。尤其遵循古法製作的金棗汁，得先選擇色澤金黃的金棗，並依大小分類、割開、醃漬、取籽、去澀味，接著再以慢火熬煮，直到呈膏狀才算完成。過程中得一直待在火爐旁，相當辛苦。這百年的技藝，嚐起來不僅「鹹酸甜」，更是不少宜蘭人的共同回憶。

暢遊舊城風情，覽盡蘭陽風光

到了宜蘭市別忘了參觀整個宜蘭舊城，走一趟融合日本房舍與西洋古典建築形式的宜蘭設治紀念館，或是拜訪日治建物的宜蘭酒廠甲子蘭酒文物館，都是不錯的選擇。

宜蘭在1912年（清朝嘉慶17年），由清朝皇帝設廳任官，1906年宜蘭設治紀念館建立，「設治」是「設官治理」之意。日治時期，設治紀念館是宜蘭郡郡守的宿舍，光復後便由國民政府接收。在宜蘭市南門計畫的開發中，因考量它不可替代的歷史價值，所以加以保留，開發成現今之展館，陳列清朝的噶瑪蘭廳時代、日治的宜蘭廳時代和光復後迄今的宜蘭縣時代，三個時期的文物史料，質樸的味道更增添了宜蘭的文化意涵。走累了，旁邊還有保有日式建築形式以及滿屋檜木香氣的餐廳可供歇腳及用餐。

宜蘭酒廠的甲子蘭酒文物館成立於民國八十七年底，而建築本身則建造於西元1935年，原是作為存放物料的倉庫。這棟日治時期的老建築，面積雖然

不過900平方公尺，卻網羅了酒廠百年的歷史縮影，走一趟就等於體驗了一次酒廠的百年風華。而在一樓大廳還可以品嘗或選購特製的美酒、酒醋和紅麴香腸、酒香冰棒等。

若時間允許或安排了一天以上的行程，也可以往南，朝羅東方向前進。那裡有熱鬧的羅東夜市，以及列入蘭陽百景的羅東運動公園，還有最著名的冬山河親水公園。或者往東，朝山裡去，觀賞由五座山峰排列而成的五峰旗瀑布。當然，喜歡海景旅遊的話，往北可到礁溪泡溫泉，或沿著濱海公路走，建議可安排龜山島賞鯨行程。而站在北關海潮公園的觀海亭上，遠眺龜山島的壯麗美景，或近觀海濤波瀾壯闊，聽聽海浪的拍打聲，也是相當愜意的享受。

路程距離 1、宜蘭市景點距離昭應宮各約20分鐘的車程。
2、宜蘭縣景點距離昭應宮各約45分鐘至1小時的車程。

交通方式

搭車：

1、步行至從宜蘭火車站搭宜蘭、羅東的國光號（北濱線或沿海線）可往礁溪。

2、從宜蘭火車站搭國光號可往羅東。

3、北迴鐵路宜蘭上行可到礁溪站，下行可往羅東站。

自行開車

往宜蘭市各景點

1、宜蘭設治紀念館，走舊城南路。

2、宜蘭酒廠，走舊城西路。

往礁溪

走台9線往北，可到礁溪。往北續接台2線，可安排龜山島賞鯨行程，或前往北關海潮公園。

往羅東

走台9線往南，可到羅東市區。往東續接台7線丙，可到冬山河親水公園。

旅行，從廟口開始

作　　者：陳靜萍
發 行 人：林敬彬
主　　編：楊安瑜
企劃編輯：大都會文化編輯部、蔡穎如
美術編輯：瑞比特設計
封面設計：瑞比特設計
地圖繪製：帛格有限公司

出　　版：大都會文化　行政院新聞局北市業字第89號
發　　行：大都會文化事業有限公司
110台北市信義區基隆路一段432號4樓之9
讀者服務專線：（02）27235216
讀者服務傳真：（02）27235220
電子郵件信箱：metro@ms21.hinet.net
大都會網　址：www.metrobook.com.tw

郵政劃撥：14050529 大都會文化事業有限公司
出版日期：2009年2月初版一刷
定　　價：280元

ＩＳＢＮ：978-986-6846-55-7
書　　號：Master-17

First published in Taiwan in 2009 by Metropolitan Culture Enterprise Co., Ltd.

4F-9, Double Hero Bldg., 432, Keelung Rd., Sec. 1, Taipei 110, Taiwan
Tel:+886-2-2723-5216　Fax:+886-2-2723-5220
E-mail:metro@ms21.hinet.net
Web-site:www.metrobook.com.tw

國家圖書館出版品預行編目資料

旅行,從廟口開始 / 陳靜萍 著.
-- 初版. -- 臺北市：大都會文化, 2009.02
面；　公分. --（Master; 17）

ISBN 978-986-6846-55-7(平裝)
1.台灣遊記　2.寺廟　3.小吃

733.61　　　97021893

旅行，
從廟口開始

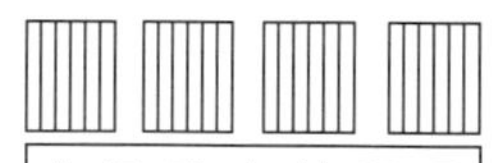

北區郵政管理局
登記證北台字第9125號
免　貼　郵　票

大都會文化事業有限公司
讀者服務部收

110台北市基隆路一段432號4樓之9

寄回這張服務卡(免貼郵票)
您可以：
◎不定期收到最新出版訊息
◎參加各項回饋優惠活動

大都會文化 讀者服務卡

書名：旅行，從廟口開始

謝謝您選擇了這本書！期待您的支持與建議，讓我們能有更多聯繫與互動的機會。日後您將可不定期收到本公司的新書資訊及特惠活動訊息。

A. 您在何時購得本書：_____年_____月_____日

B. 您在何處購得本書：__________書店，位於__________(市、縣)

C. 您從哪裡得知本書的消息：1.□書店 2.□報章雜誌 3.□電台活動 4.□網路資訊
5.□書籤宣傳品等 6.□親友介紹 7.□書評 8.□其他____________________

D. 您購買本書的動機：（可複選）1.□對主題或內容感興趣 2.□工作需要 3.□生活需要
4.□自我進修 5.□內容為流行熱門話題 6.□其他____________________

E.您最喜歡本書的（可複選）： 1.□內容題材 2.□字體大小 3.□翻譯文筆 4.□ 封面
5.□編排方式 6.□其他

F. 您認為本書的封面：1.□非常出色 2.□普通 3.□毫不起眼 4.□其他__________

G. 您認為本書的編排：1.□非常出色 2.□普通 3.□毫不起眼 4.□其他__________

H.您通常以哪些方式購書：(可複選)1.□逛書店 2.□書展 3.□劃撥郵購 4.□團體訂購
5.□網路購書 6.□其他__________

I. 您希望我們出版哪類書籍：（可複選）
1.□旅遊 2.□流行文化 3.□生活休閒 4.□美容保養 5.□散文小品
6.□科學新知 7.□藝術音樂 8.□致富理財 9.□工商企管 10.□科幻推理
11.□史哲類 12.□勵志傳記 13.□電影小說 14.□語言學習（ 語）
15.□幽默諧趣 16.□其他____________________

J.您對本書(系)的建議：____________________

____

K.您對本出版社的建議：____________________

____

讀者小檔案

姓名：__________ 性別：□男 □女 生日：_____年_____月_____日

年齡：□20歲以下□21～30歲□31～40歲□41～50歲□51歲以上

職業：1.□學生 2.□軍公教 3.□大眾傳播 4.□ 服務業 5.□金融業 6.□製造業
7.□資訊業 8.□自由業 9.□家管 10.□退休 11.□其他 __________

學歷：□ 國小或以下 □ 國中 □ 高中／高職 □ 大學／大專 □ 研究所以上

通訊地址 ____________________

電話：（H）__________（O）__________傳真：__________

行動電話：__________ E-Mail：__________

❖謝謝您購買本書，也歡迎您加入我們的會員，請上大都會網站www.metrobook.com.tw 登錄您的資料。您將不定期收到最新圖書優惠資訊和電子報。